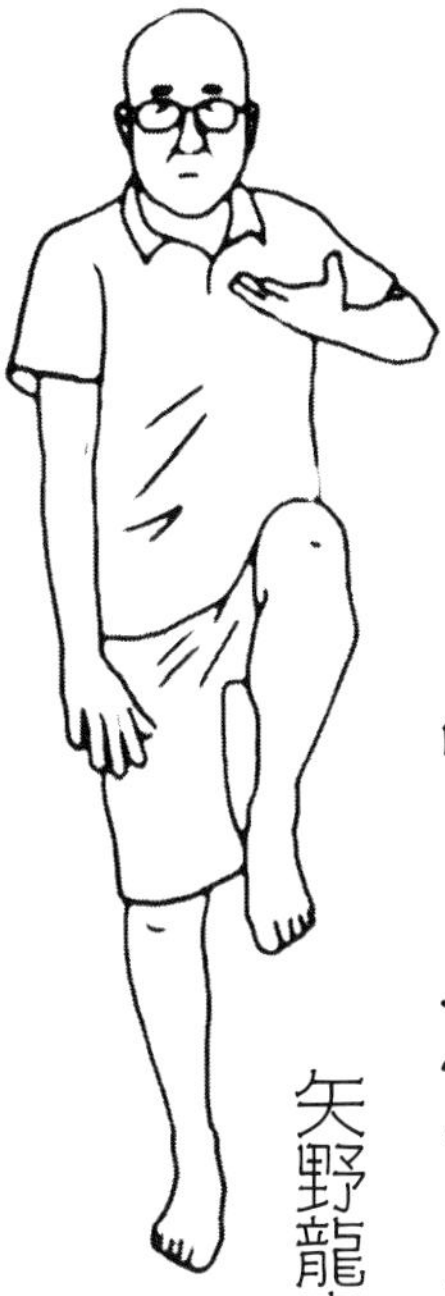

みるみる音が変わる!
ヴァイオリン骨体操

矢野龍彦・遠藤記代子 共著

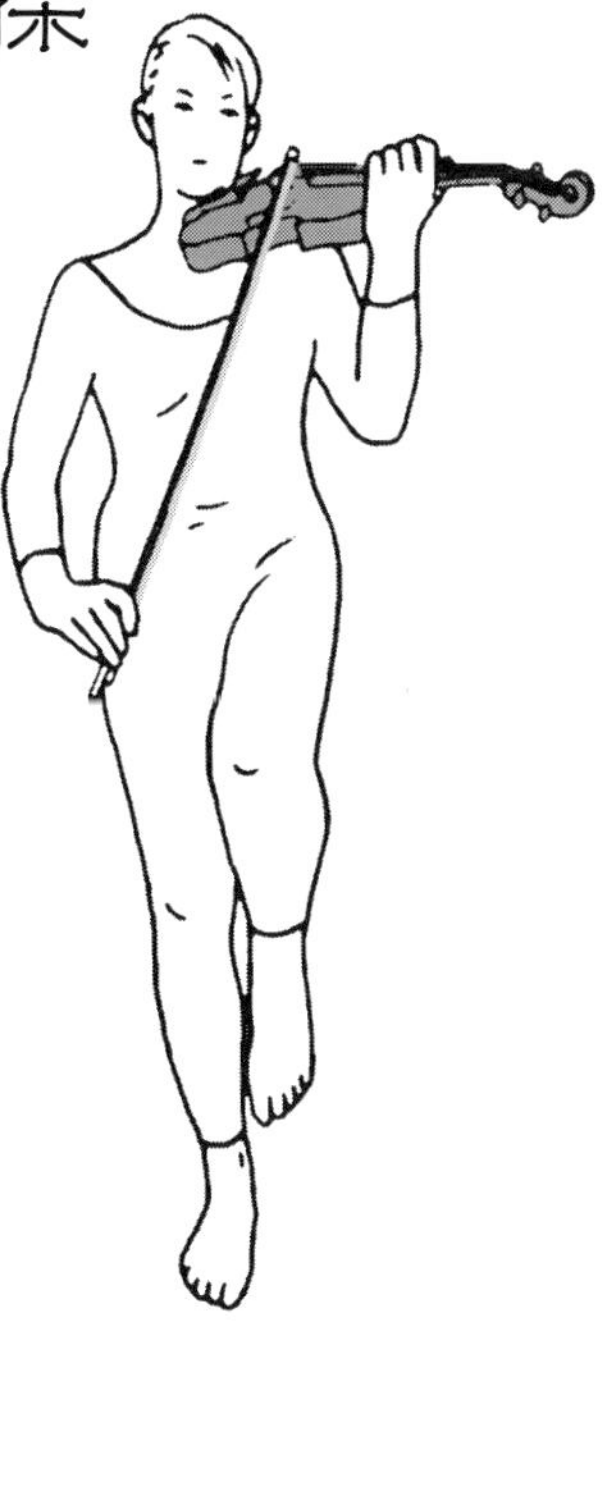

JN138926

はじめに

矢野龍彦

私は、もう30年以上にわたって桐朋学園で体育の授業を教えてきました。最初の頃は音楽に関心が持てなく、もっぱらスポーツと関わり、体育の授業もスポーツ系の種目を教えていました。しかし、学校の会議に出ると音楽実技の先生たちから、生徒の指を怪我させたらどうするのと球技系の種目への非難が集まり、少しずつ指への危険のない種目に移行していきました。しかし、体育講義の方はかなり早くから、音楽も練習を積み本番があるということで、スポーツで行われているメンタル・コントロールを音楽用にアレンジして行い、それなりに成果も出ていました。

そして、20年ほど前から、音楽専攻の生徒たちにも役に立つようにと、演奏に応用できる身体の使い方というものに取り組み始めました。アレクサンダー・テクニークやフェルデンクライス・メソッドなどにも挑戦してみたのですが、何となく楽器演奏とすんなり結びつかない。そして、ヨガや太極拳などさまざまなものとも取り組んできましたが、どうも楽器演奏の身体の動きにうまく落とし込めない。

そういう迷いの中、15年ほど前に日本古来の古武術と出会い、これなら応用できると直感的に響いてきました。そこで古武術の動きから「ナンバ」の動きへと移行して研究し、スポーツと同時並行で音楽への応用を試みてきました。

まず、日常生活で一番多い動作と言えば歩くことであるので、「ナンバ歩き」の身体の使い方から始めました。江戸時代の日本人が、毎日平均40㎞も歩いて移動していたナンバ歩きというものの研究から身体の使い方を解明していこうとしたのです。骨の関節を動かす自然な方向や、どのように全身を連動させて歩くかということから、身体の動かし方を考えていきました。

ナンバの身体の使い方を研究していくうちに、アレクサンダー・テクニークやフェルデンクライス・メソッドとの違いが見えてきました。まず東洋と西欧の考え方の違いで、東洋では体質を含め身体には個人差があると考えますが、西欧では個人差という考え方は少なく、平均的に身体はこうだと決めつけています。また、東洋では身体を動かすときの個人個人の感覚を大事にしています。それに対して、西欧では動きの型や繰り返しの回数に重点を置いているので数値化しやすいという点が挙げられます。また、ナンバでは骨を意識して身体を動かすのに対して、西欧の動きはすべからく筋肉意識で身体を動かすということが大きな違いでもあります。

このような違いがあることに気づき、私のスポーツ指導などの経験とも照らし合わせて、楽器演奏に応用するならナンバ式の身体の使い方の方がより合理的であろうと判断し、現在まで授業や講習会で行ってきました。

そのナンバ式の動きを楽器演奏に応用する身体メソッドを、本書で紹介していきます。

「ナンバ歩きをして帰ること」

遠藤記代子

これが、私のヴァイオリン・レッスンで初回に出す宿題です。

「ナンバ歩き」は、ヴァイオリン演奏の一番の基礎となります。たとえば、弓を持つ右手の親指が突っ張ってしまう超初心者にも、ナンバ歩きをしてもらってから弓を渡します。初めての人でも、これで親指の突っ張りは取れてしまいます。

ヴァイオリンの習い始めは楽器を「構える」ことからスタートするわけですが、ここで身体を「静止」しようとすれば、たちまち身体は力んでしまいます。「静止」するのではなく、身体の「快適さ」と「自然な流れ」をまず探すのです。

このようにして身体の声を聞き、自分自身に向き合います。つまり、身体の「知恵」をつけることができるのです。これが「ナンバ」です。

ここで、名ヴァイオリニスト、アンネ＝ゾフィー・ムターのことをお話ししたいと思います。

私がベルリンに留学していたときのことです。幸運にも、ムターのリハーサルに立ち会わせていただくことができました。体のラインがしっかりと見えるウェアとバレエ・シューズで現れたムター。彼女のすばらしい音の秘密である身体使いが、そのウェアのお蔭で私にもよく理解できたのです。ムターはボウイングの度に胸郭が伸び縮みし、お尻の位置が変わります。なんと、彼女こそ洗練されたナンバの身体使いだったのです！　とにかく「私もこれをやりたい！」と思い、帰国するとすぐに母校（桐朋学園）のナンバの授業を履修し直しました。そうして矢野教授からさまざまなことを学び、ナンバ師範の免状をいただくまでになりました。その術を身体に無理のないヴァイオリン演奏に生かせるように研究を続け、また多くの生徒に試しても

らい、その効果を実証することができるようになり、こうしてヴァイオリン骨体操が誕生しました。

　ナンバとは、江戸時代の日本人の身体使いです。身体をねじらずに、骨をたたむように使う動き方です。本来日本人はとても器用な身体使いだったのですが、明治時代以後、この動きは西洋的なものに変わったことにより使われなくなってしまいました。しかし、現代の私たちでも日本古来のナンバの動きに変えることで、身体によいことがたくさん起こります。たとえば、

・身体が柔らかくなる
・痩せる
・細かい作業が器用にできるようになる
・すばやく動くことができ、力を出せるようになる
・身体全体をひとまとまりに使えるようになり、疲れない
・感性がよくなり、運動神経もよくなる

　また、私が指導するヴァイオリンの生徒たちは、

・肩こりがなくなる
・疲れない身体になる
・勘がよくなる
・人前でアガらなくなる
・三和音が軽くてよく通る音になる
・早いパッセージも軽く美しくなる
・ゆっくりの音型も芳醇な音になる
・ヴィブラートが多種多彩になる
・音楽の流れがよくなる
・協調性が増す
・健康になる

と、挙げればキリがありません。

　本書は、だれでもできる簡単な「12の骨体操」と「7つのムーヴメント」で構成されています。**まず「12の骨体操」で身体の声を聞きながらバランスを整えることを学び、次に「7つのムーヴメント」で全身を上手く連動させられるようにし、さらにその連動性を生かすことでヴァイオリンの演奏向上につなげていきます。**これらの動きを実践することで、身体感覚が磨かれ、運動神経も磨かれます。そして、心に描いた、まさに「思い通り」の音楽が奏でられるようになるのです。

《もくじ》

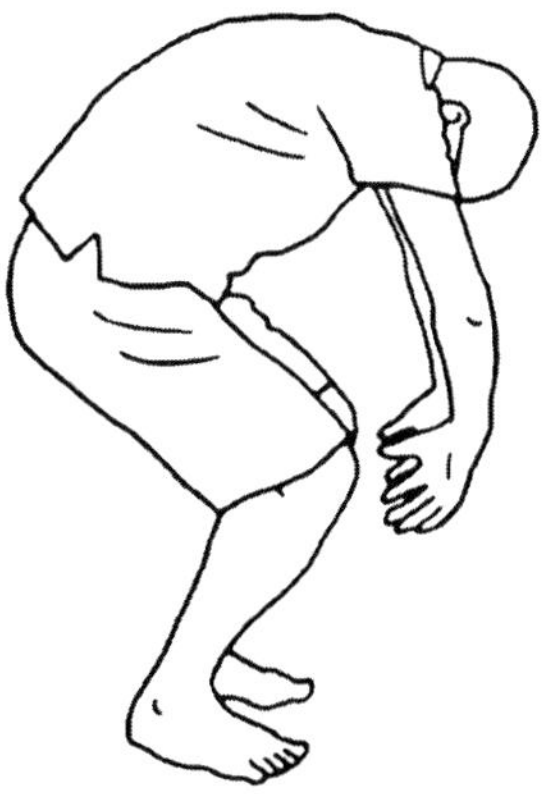

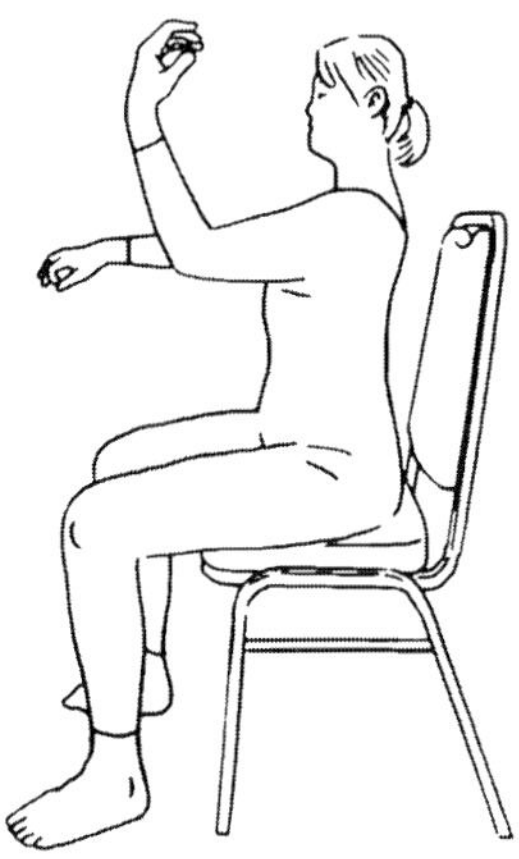

「ナンバ」の効果

ナンバ式体操の成果

矢野龍彦

桐朋学園ではナンバ式の体操を大学生には授業で、高校生には希望者に放課後個人指導を行っています。大学生も希望があれば、放課後に個人指導を行うようにしています。

演奏家を目指している桐朋学園の生徒たちは、毎日ヴァイオリンの練習をして技術の向上を目指しています。では、技術向上とは何だろうかと考えると、それは身体の使い方を変えていくということです。いま演奏している身体の使い方から、無駄な部分、無理な使い方を省いて身体の使い方を改善していかなければならないのです。要するに、動きを洗練させるということです。そのヒントがナンバの中にあります。

「12の骨体操」というのは、身体と対話を行いながら、どちらに身体を動かしたら「快」で、どちらに身体を動かしたら「不快」かということを感じるようにするものです。たとえば、前後屈を行う場合に、前屈と後屈の感覚を比べ、どちらが「快」でどちらが「不快」かを感じとれるようにするのです。そして、「快」の方向にのみ動かせば、「不快」な方向が楽になり身体のバランスが整うという体操です。その「快・不快」を感じる身体の感性を磨くことが大切なのです。身体を動かす感性が高まれば、こう動かせば身体が痛くなり故障するということが事前に分かるようになり、よい動きを探すときの指針にもなります。

次に、「7つのムーヴメント」は、人間のさまざまな動きを分解し、身体の前後・左右・上下の連動を意識して動きの滑らかさを身につける体操です。これは楽器を演奏するときの準備運動として最適です。また、スポーツなどにも応用でき、身体を動かす運動神経をよくする体操でもあります。

これらの体操を中心に楽器を演奏するときの身体の動きを注意して直していくと、確実に音がよくなってきます。生徒自身も音の変化を自覚できるので、みな納得してくれています。

私のところに楽器を抱えてナンバの指導を受けに来た生徒たちは、それぞれ何らかの上達をし、納得して練習に励んでいます。こうした試みが花開いたのは、２０１４年の日本音楽コンクールで、ピアノ部門第1位 石田啓明、ヴァイオリン部門第1位 吉田南、チェロ部門第1位 森田啓佑・第3位 水野優也にそれぞれ入賞したころです。それぞれ桐朋学園に入ってきたときから優秀ではあったのですが、ナンバ式のヒントを与えることによって、これだけの成果が出たものと思われます。

interview

体操を行うと、弾いたあととても楽なんです

吉田南さん

（桐朋学園音楽学部附属高等学校3年）

奈良県出身。天理教音楽研究会で5才よりヴァイオリンを学び、現在、桐朋女子高等学校音楽科3年キャンパス特待生。
第64・66回全日本学生音楽コンクール 小・中学校の部それぞれ第1位、東儀賞、兎束賞、音楽奨励賞受賞。第83回日本音楽コンクール ヴァイオリン部門第1位、全部門中最も印象的な演奏に授与される増沢賞、岩谷賞（聴衆賞）、E・ナカミチ賞、レウカディア賞、鷲見賞を受賞。 第11回シベリウス国際コンクール（フィンランド）に出場、最年少ファイナリストとして注目を浴び、ヘルシンキ・フィルハーモニー管弦楽団（指揮／ヨン・ストルゴールズ）、フィンランド放送交響楽団（指揮／ハンヌ・リントゥ）とシベリウスおよびチャイコフスキーの協奏曲で共演。その模様がフィンランド国営放送にて放映され、視聴者投票で最高票を獲得した。国内では大阪フィル・京都市響・東響・東京フィル・神奈川フィル等、オーケストラとの共演多数。また、ソロ・リサイタルをはじめ、マキシム・ヴェンゲーロフや清水和音とも共演。シュエット弦楽四重奏団 の第1ヴァイオリン奏者としても活動している。
岡本智紗子、岩谷（鷲尾）悠子、原田幸一郎の各氏に師事、また室内楽を原田幸一郎、山崎伸子、磯村和英の各氏に師事。ローム ミュージック ファンデーション2014年度・2015年度奨学生。第7回岩谷時子賞「Foundation for youth」受賞。

小さいころテレビでヴァイオリニストが弾いているのを見たときから、ずっとヴァイオリンをやりたいと親に言っていたそうです。

そして5歳になって地元の音楽教室に入り、ヴァイオリンを始めました。ですが、この年齢はヴァイオリンを始めるのに早い方ではなく、またとても人見知りで、先生にきちんと挨拶もできない子どもでした。そのうえ不器用すぎて、なかなか楽器も持たせてもらえなかったんです。

それでも、ヴァイオリンを弾くことが大好きでしたので、練習を続け、桐朋学園高校に入学しました。ナンバと出会ったのはそのときです。保健体育の授業で矢野先生の講義を受け、いろいろな身体の悩みを相談しました。

やはり楽器を弾いていると肩がこりますし、長時間弾き続けていると身体のあちこちが痛くなってきます。とくに私の場合は「背中が痛い、固まる」というのが悩みでした。どうしたらよくなるか矢野先生に相談したら、ナンバ式の体操をいろいろと教えてくださいました。実際、それらの体操を楽器を弾く前に行うと、弾いたあととても楽なんです。そればかりか弾くかたちもきれいになるし、余計な力が入らないのでよく楽器が鳴っていると実感できます。学校では授業の合間などに弾く姿を矢野先生にチェックしていただくと、「背中が曲がっているよ」などとアドヴァイスをいただけるので大変ありがたいのですが、普段の練習の前も、もちろん本番の前も、この体操をすることで心身ともに整えられるので、私の演奏活動にとって欠かせないプロセスになっています。

ナンバ体験記

動きやすい方向に身体を動かすことで、反対側まで動きがよくなるのがとても不思議

山本純子さん（ナンバ術協会「ヴァイオリン骨体操」指導員）

私がナンバと出会うきっかけになったのは、「昔はできたのに」「思うように弾けない」など、ここ数年来感じていた結果と感覚のズレのようなものです。そんなとき、楽器店で遠藤先生の『かっこいい！ヴァイオリン ベーシック・スタディ』（せきれい社）を見つけてとても興味を持ち、購入して帰りました。

「なるほど！」とは思うものの、読んでいるだけでは体操はきちんとわかりませんし、ナンバのこともわからない。遠藤先生のブログを拝読し、「先生から直接教えていただけたら何か変わるかもしれない！」という気持ちが強くなり、京都から東京までレッスンに伺うことにしました。

身体の可動域、動きやすさ、自分の身体と対話をするかのようなレッスン時間は、それまでにあまり経験したことのないものでした。動きやすい方向に身体を動かすことで、動かしにくかった反対側まで動きがよくなるのがとても不思議！楽してさらに楽を得る。魔法みたいな体験です。

そんな楽しい気持ちもありながらふと気づいたことは、「この集中する感じ、対話をしながら積極的に知ろうとする感じ、これはヴァイオリン演奏に似ている！」ということでした。さらに面白いと感じるようになりました。

今まであまり意識したことのなかった胸郭にしても、可動域がこんなに広いとは思いませんでした。ヴァイオリン奏者にとってこの部分の動きがどれほど演奏に大きく関わってくるのか、自分が今までなぜ思うように弾けなかったのかが理解できた気がしました。胸郭以外にも肩甲骨や背中、身体全体を調整して連動させることで、これほど楽に楽器が弾けるようになり、これほど音色が変わるものかと感動しました。さらに、ヴァイオリン体操のナンバの動きは健康へも役立っているようで、「ポカポカ駆け足」をやっていると、内臓が活発に動いていると感じるようになりました。

こうして体操を通して身体の状態や変化に敏感になったことで、心の動きと身体の力み具合にもよく気がつくようになりました。ちょっとした力みがヴァイオリン演奏には大きく影響するので、これがコントロールできるかもしれない、という気づきはとても大きいです。

また、日頃から力み具合を感じることで、物事を客観的にとらえやすくなって来ているように感じています。

文章にするととても大きな変化で、別人になったかのような印象になってしまうかもしれませんが、少しの変化がたくさん起こる、少しの変化に気づける自分になるのです。五感が鋭く磨かれます。

私はまだまだ習得途中です。これからも実践を続け、自分を磨いていきたいと思います。

ナンバ体験記

楽器を構えたときに痛くなりそうな箇所がわかるようになりました

アマチュア奏者Aさん

高校のオーケストラでヴァイオリンを始めて20年以上になります。顧問の先生がヴァイオリニストだったおかげで基本的なことは学ぶことができましたが、ごく短期間の個人レッスンに通った以外は、オーケストラの曲を中心に練習を続けてきました。10年程経った頃から練習後の身体の痛みが長引くようになり、関節のほとんどをひと通り悪くしてしまいました。でも当時の私は「小さい頃に楽器を始めたわけではないし……」「身体が小さいし……」「運動が苦手で筋力もないし……」、だから痛くなっても仕方ないと思っていました。しかし、首が回らなくなったり腕が上がらなくなったりする頻度がいよいよ増してきて「このままだとヴァイオリンを続けられなくなるのでは」と思ったときに遠藤先生の講座に出会いました。

最初は「こういう考え方があるのか」と目から鱗が落ちるような感覚でした。体操を始めた直後は思うように身体を動かせなかったものの、体操すること自体が単純に楽しく感じました。しかし、体操を通して自分の身体と向き合ううち、心の内側とも自然と向き合うようになってからが、次第に苦しくなってきました。今までのやり方をダメだと思ってしまい、その一方で今までのやり方を手放すことが悪のように感じられたのです。こんなに苦しくても先生は「こうやって弾いたらいいよ」などという答えは、残念ながらくれません。ただ、先生は実にたくさんのヒントをくださいました。そのヒントから私にとって「心地よい部分」を見つけて体操していくと、少しずつではありますが、身体や楽器がさまざまなことを教えてくれていると思うことが増えてきました。自分でも不思議なのですが、楽器を構えたときに今日痛くなりそうな箇所がわかるようになり、体操したいと思うようになり、ナンバ歩きをしたいと思うようになったのです。

そして大きな衝撃だったのが「音楽をするためには音楽を感じることが必要」ということ。これも実に不思議なのですが、体操に出会う前と後では、この言葉に対しての私の感じ方がまるで違うのです。音楽にとって技術の習得は不可欠ですし、その技術の習得に役立つ体操を遠藤先生は教えてくれているのですが、音楽を感じるという、いわば「誰にでもできること」に対しても、体操は私に大きな変化をもたらしてくれました。

私は今もまだ模索中ですし、ときに身体も痛くなるのですが、体操を通し、今までとは違う世界が見えてきて、違う楽しさが味わえるようになってきたと思います。

「ナンバ」とは？――矢野龍彦

❶身体の声を聞く

ナンバ式骨体操を一言で表すなら、自分の身体と対話を行いながら身体のバランスを整えていく体操ということになります。

「身体と対話を行う」というのはいろいろなところで聞く言葉ですが、具体的にどうするのかを説明しているものはほとんどありません。そこで、ナンバ式骨体操では、身体との対話の仕方を「骨を意識して身体を動かしたときの身体の感覚」と定義して分かりやすくしました。骨を意識して身体を動かしたときの身体の感覚を受けとるのが、身体との対話なのです。

たとえばナンバ式骨体操では、身体の前後屈運動を骨を意識して行ったときに、前後屈のどちらに動かしたときが「快」で、どちらに動かしたときが「不快」かということをチェックして対話能力を高めていきます。骨を意識して動かすというのは、骨盤や胸郭のように箱のようになっている骨を平行四辺形に変形させる意識で身体を動かすということです。胸や腰を前から見たり、横から見たり、上から見たときに長方形と見立て、それを平行四辺形に変形させるように身体を動かすというのが、ナンバの動きのポイントになります。

この身体の「快」「不快」というのは、最初のころはハッキリとした感覚ではなく、「快」のほうはなんともない感覚、「不快」の方は違和感があったり少し痛みを感じるくらいのものです。そして、どちらかというと「快」であるか「不快」であるかを認識できるようになることが身体との対話の始まりなのです。そしてこの感覚に注意してナンバ式骨体操を続けていると、これだ！という感覚をつかむことができるようになります。

具体的には、骨を意識して身体を動かしたときの「快」「不快」の感じの違いを受けとり、「快」と感じた方向にだけ4回ほど動かすと、「不快」と感じていた方が楽になります。これは日本の操体法の理論ともロシアの生理学者であるセチェーノフが言う「右腕が疲れたら右腕だけを休ませるのではなく、左腕を動かしてやった方が右腕の回復が早くなる」という理論とも共通するものです。ここがほかの体操との大きな違いで、ほとんどの体操では前に4回動かすと後ろにも同じように4回動かします。ナンバ式では、バランスの崩れている身体を前後や左右に同じ回数だけ動かすとますますバランスが悪くなり、身体の調子がさらに悪くなると考えるのです。つまり、身体のバランスを整えることを重要視しています。

身体のバランスというのは、日常生活での動きによる骨の歪みです。人間の動きには、それぞれ個人の動きの癖があります。右利きや左利きというのも癖ととらえられますし、バッグを持つときにかならず左肩に掛けたり右手で持つというのも癖です。脚を組んだり腕を組んだりするのも、上になる方が決まっていてそれも癖です。その動きの癖が、身体を歪ませるのです。そして身体を歪ませるということは、骨盤や胸郭も歪んでくるということになります。自分の癖で筋肉を偏って使えば骨も歪んできて、その結果身体に痛みが生じ、ついには故障につながってくることになるのです。

　日常生活ばかりでなく、ヴァイオリンを弾くということも、長時間不自然な姿勢で動き続けるということになります。その歪んだ骨の矯正を行うのが、ナンバ式骨体操です。身体を歪んだ状態のままにして動かしていると、背中の張り、肩こり、腰痛、腱鞘炎などの違和感・故障として身体が主張してきます。また、身体の歪みというのは、心にも影響を与えるので気をつけなければなりません。このことは、心身相関でもよく言われていることです。

　楽器演奏もスポーツの動きも、身体の自然に沿った動きとは言いがたいので、定期的にナンバ式骨体操で身体のバランスを整えるように身体のケアを怠らないようにしましょう。また、楽器演奏やスポーツを行っていなくても、日常生活を送っているだけで癖などで不自然な身体の動かし方をしているものなので、定期的に身体のケアとしてナンバ式骨体操を行うことをお勧めします。

　ナンバ式骨体操を行うことによって、身体との対話能力が高まり、身体のバランスを整えることができるようになるということは、身体感覚が高まることにつながります。身体感覚というのは、身体がどうしたがっているかに気づくかどうかということで、たとえば動きに関していうと、こう動かしたときに「不快」と感じたら、その動きを修正して違う動きを模索します。身体感覚が鈍いと「不快」を感じないまま動かし続けていることになり、そうなると身体は「痛み」という声で「動きを変えてくれ」と訴えかけてきます。「痛み」も動きの矯正にはなるのですが、できるだけ痛みを感じる前の「違和感」くらいで気がついて動きを変えるのが賢明です。

　そのような身体との対話による身体感覚が高まってくると、身体の声をよく聞けるようになってきます。いま身体は疲れているので「活動するよりも休養したい」という身体の声を聞き、素直に休養を取っていれば過労に陥ることはありませんし、病気の予防になるかもしれません。また、何気なく目の前にあるものを食べていたのが、いま身体は何を欲しがっていて「何が食べたいか」ということにも気がつくようになります。

　身体の動きだけでなく、身体がどうしたいかという欲求を聞きとることができ、それに応えて行動することができれば、それが最高の自分自身のコーチということになるでしょう。もともと身体は元気に健康になりたがっているものです。「身体は間違わない、間違いはすべて頭の中で起こっている」と私は考えます。「身体の声を聞く」ということは自分自身の発信する情報ですから大切にし、ほかの情報は自分に合うかどうかで選択し判断すればよいのです。そうすれば、自分が主体的に生きていると実感でき、自信を持って人生を歩むことができるようになるでしょう。

2000年頃に、何か楽器を演奏するときの身体の使い方のヒントになることはないかと模索していました。そして、フェルデンクライスメソッドやアレクサンダー・テクニーク、野口体操や太極拳などいろいろ試してみましたが、どれも楽器演奏の動きに落とし込むにはしっくりきませんでした。

そんなときに古武術と出会って、これは楽器演奏時の身体の使い方に応用できるなと直感しました。古武術の動きそのものに関心を引かれたのではなく、着物を着て草履を履いて日常生活を送り、仕事もしていたということに非常に興味を持って、そこからナンバ歩きやナンバ走りの方に傾倒していったのです。一般の人でも着物を着て草履を履いて、日常生活で一日20kmくらいの距離を歩き、旅行をするときには一日40kmくらい歩くのが目安でした。そして、飛脚や忍者は1日に100km以上も走っていたということが驚きとともに、そこにヒントがあるのだろうと惹きつけられました。

そもそも「ナンバ」とはどのようなものかというと、さまざまな説があってこれだというものはありません。おそらく「ナンバ」という言葉を広めたのは、演出家であり演劇評論家であった武智鉄二でしょう。詳しくは、『ナンバの身体論』（光文社新書）を参照してください。

自分自身が自分の動きのコーチになれる

定説のないナンバなら、我々が定義をしてもよいだろうということで「難しい場面を創意工夫して切り抜けていくのがナンバである」ということにしました。「難しい場面」というのは、着物を着て草履を履いて動くのは、さぞかし困難であったのではないだろうかということを基にしています。そして、その「難しい場面」というのは、身体を動かすことにも心を動かすことにも共通してあることなので、つまり何にでも応用できるということになります。

では、昔の人々の動き、つまりナンバの動きとは実際どのようなものなのか。たとえば、動くときに着物が着崩れないようにするには「ねじらない」「うねらない」ということに気をつけなければならないし、草履の鼻緒が切れないようにするには「踏ん張らない」で動かなければならないということです。できるだけ「ねじらない」「うねらない」「踏ん張らない」ように動くためには、自分の身体と対話を行うことが必要になってきます。

身体と対話をするためには、身体感覚ともつながりさまざまなことに敏感にならなければなりません。まず、身体を動かしたときの感覚が「快」か「不快」かということを感じとれるようにし、「快」の方向に動かすように心がけ、「不快」な方向にはできるだけ動かさないようにします。それが身体の自然に沿った動きということになります。身体の自然に沿った動きというのは、全身が効果的に連動して動いているということです。全身を連動させるということは、関節の動きを意識することにつながります。そのようなことが分かるようになると、自分が演奏しているときの動きの善し悪しが、自分で判断できるようになります。

ナンバでは、自分自身が自分の動きのコーチになれることで、演奏での故障を防ぎ、また演奏技術を上達させることにも貢献するのです。

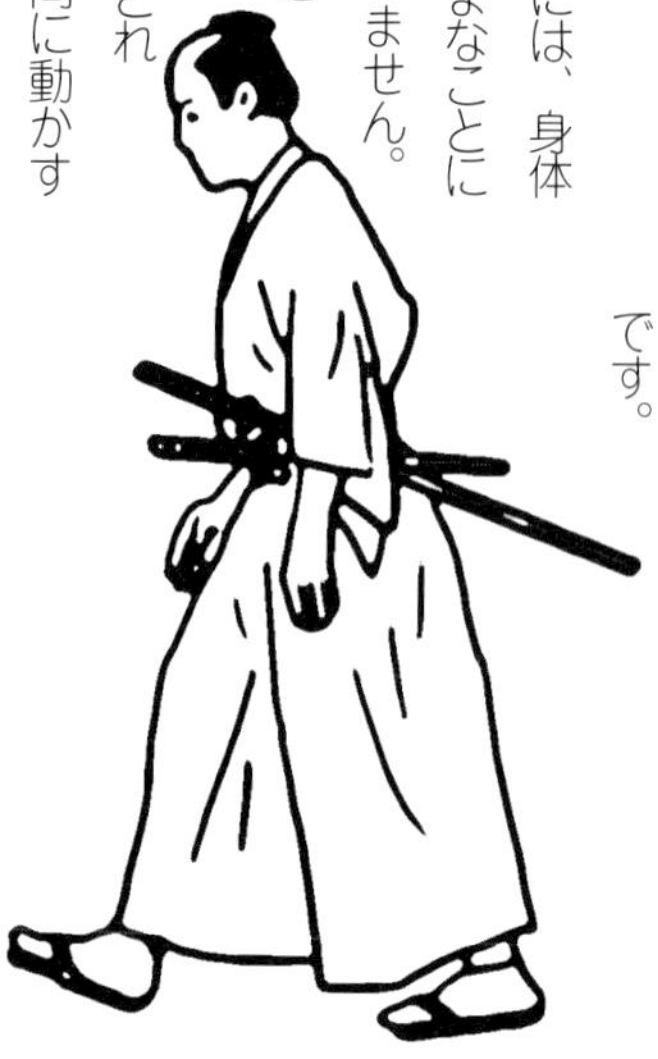

守・破・離

「守・破・離」という言葉は、日本伝統の芸道の世界ではよく使われます。この言葉は、江戸千家の茶人、川上不白が言い始めたとされています。

日本の伝統的な芸道は、文字による伝承を嫌い、型で受け継いできました。型というのは、身体の動きのことです。まず、自然に基づく身体の動かし方を教え、その芸道に独特の身体の自然感覚を養う基礎訓練を「型」によって行ってきたのです。その「型」というのは、自分の内にある身体の自然と向き合わせようとすることです。

「守」というのは、まず「型」を徹底的に身体に覚え込ませ、身体の自然に目覚めさせるということで、最初は窮屈でも慣れてくるとそれが一番楽だということに気がつきます。ですから、この「型」というのは封じ込めるものではなく、逆により自由にするものなのです。そして、教えられるのは、この「型」まではないかと思います。あとは、自分の応用です。ですから、応用の仕方次第でその場で立ち止まってしまうのか上達し続けるのかの違いが出てくるのです。

「破」というのは、一度身につけた「型」にとらわれず、さまざまな流派を体験して身体感覚を発展させていくというものです。そして、よいものは取り入れ、悪いものは捨てていくということが大事です。「型」を破るというより、「型」から発展的に飛び出していこうというものです。

「離」は、さまざまなことを体験して磨かれた自分の身体感覚を信じて、自分なりの動きを開発していくということです。「自分流」「俺流」をつくりあげていくことにより、オリジナリティが出てきて個性となるのです。

日本の伝統的な芸道には、この「守・破・離」という考え方が基本的にあります。しかし、明治以降に入ってきた楽器演奏やスポーツでは、「型」に当てはめることに留まって、そこからの発展まで行っていないのが一般的ではないでしょうか。そこから発展させるよう指導者も言っていませんし、発展させていないのが現状で、これが日本が演奏やスポーツで低迷している原因ではないかと思います。スポーツの世界でも、フォームや型ばかりにとらわれて、本質から離れてしまっていることが多々あります。ヴァイオリンの演奏を見ていても、初心者の基本から離れられずに弾き続けている人を多く見ます。その原因は「型」にとらわれすぎているか、応用・発展させるという勇気がないことだと思います。

「型」という動きを、進化させるという積極的な気持ちを持たなければなりません。発育発達や演奏の上達、動きの開発や意識の仕方など、どんどん演奏法が変わっていくのが当たり前だと思うのですが、昔の弾き方を大事に大事に続けていると進歩が妨げられてしまいます。

自分の弾き方を続けるのは、安心できますし、余計な心配事は生まれてきません。新しい弾き方に挑戦するとなると、変わることへの不安、上手くいくかどうか分からない疑問、感覚の違和感を克服できるかなど、さまざまなことが出てきます。要は、変わるということは、非常に面倒なことなのです。しかし、上達したければ、今の弾き方から変わるしかありません。変化に挑戦する勇気さえあれば、誰にでもできることなのです。

日本の芸道で、名人や達人が生まれたのは、勇気をもってこの変化に挑戦したからです。今のままで満足せず、もっと上手くなりたい、もっと上達したいと向上心を持ってもらいたいものです。そして、自分のヴァイオリンの弾き方を変えることに挑戦してもらいたいと思います。せっかくの日本の伝統である「守・破・離」を考えながら。

❷動きを変えれば音も変わる

「毎日ヴァイオリンを練習しているのはなぜ」と問われれば、「上手くなりたいから」という答えが多く返ってきます。では、上手くなるというのは、どういうことでしょうか。もっときれいな音を出したい、自分の出したい理想の音が出せるようになりたいなど、音に関することが出てきます。しかし、出てくる音というのは、身体を動かしてヴァイオリンを演奏した結果です。

自分の出したい音を出すには、ヴァイオリンを身体を動かして演奏しなければなりません。ですから、今の身体の動きを変えない限り音は変わらないのです。そこに気がつくことが大事なことです。自分が身体を動かさない限り、ヴァイオリンからは何の音も出せません。

今よりも上達したいなら、今の身体の動きを変えるしかありません。また、考え方を変えると、上達しないのは今の身体の動かし方に原因があるとも言えます。ということは、身体の動きのチェックをする必要が出てきます。

たとえば、ヴァイオリンの練習前と練習後の身体の状態を比べてみます。練習前よりも練習後の方が身体の調子がよくなっていれば、よい身体の使い方をした結果ということになります。それに対して、練習前よりも練習後の方が身体の局部が疲れていたり、痛くなっているようなら、身体の使い方が悪かったということです。これは、身体のどこか局部に負担のかかるような使い方をしているということで、動きを改善しないと腱鞘炎などの故障につながります。首がこる、肩がこる、背中が張る、腰が痛くなる場合も、動きの改善が必要です。そのような動きの改善をするだけで、身体が楽になるだけでなく音もよくなります。

「身体の痛み」というのは、身体から「動きを変えてくれ」という叫びだと理解しましょう。そして、動きを変える場合は、身体の声を聞きながら、こう動かせば身体が気持ちよいと感じるか、こう動かせば身体は嫌がっているかと模索していくことが重要です。このような作業は、自分の身体と向き合って対話を行うことですから楽しいはずで、その身体との対話の方法がナンバ式というわけです。

また、ヴァイオリンの練習をしているときに、出てくる音にばかり注意が行くのは考えものです。それでは、動きの改善をするのは難しくなってきます。ときには、出てくる音は無視して、自分の身体をどのような意識で動かして、身体はそれに対してどう反応しているかということに関心を持っていくことも必要です。そのようなことが集中してできるのがイメージ・トレーニングです。

ヴァイオリンでのイメージ・トレーニングというのはどのようなものかと言うと、自分がヴァイオリンを弾いているように頭の中で像を描き、身体をどう動かして弾いているか意識しながら、イメージの中で身体を動かすのです。かなり集中力がないと、頭の中で自分の身体を動かしてヴァイオリンを弾くことができません。ですから、集中力のトレーニングにもなり、また音が出ないので身体の動きに専念できます（21p参照）。

人間は、朝起きて夜寝るまで一日の行動の中で意識して動いているのはほんの1〜2割で、後の8〜9割は無意識で動いています。無意識ということは、習慣化された動きでただ同じことを繰り返しているということです。多くの人がこれに当てはまるので、動きを意識したり改善しようなどとも思わず、自分はこうだと頑なに決めつけています。

　動きというものが意識すれば改善できるもの、上達するものだということに気がつかなければ、今の動きはそのまま明日も明後日も続くことになります。そうすると、恐ろしいことが起こります。身体の一部がこる、張る、痛くなったときに、その原因が動きだとは思いもよらないのです。ですから、身体に痛みを抱えた人たちが行くところは、マッサージ、整体、鍼灸、整形外科などです。しかし一時的に痛みが取れても、それは根本的治療ではないので、また同じ動きで動き出せば同じところが痛くなります。「この身体の痛みは身体の動かし方が悪いから起こっているのではないか」ということに気づけば、「痛みとお別れするためには、動き方を変えなければならない」ということに気づくはずです。痛みと仲よくなるのも、痛みから解放されるのも、動き次第ということを理解してください。そして、日常から自分の動きを意識して、自分の意志で動かすようにしなければいけません。

　極端な話、この顔の洗い方でよいのか、もっとよい洗い方があるのではないか、歯の磨き方は、お箸の使い方は、歩き方は、といくらでも題材はあります。そして、身体は、動かし方次第で苦しくも楽にもなるということに気づくでしょう。そこが動きのスタートです。

　ヴァイオリンの弾き方も、これがよいという「型」があるわけではなく、また「型」に自分を当てはめていこうなどとしないことです。自分の身体の自然に沿って、無理や無駄のない身体の使い方を自分で探していくのです。ですから、いろいろな弾き方を試してみることも重要であり、バランスボードの上で弾くことなども非常に意味があるのです。そして、ナンバの動きには、動きを改善していくときの多くのヒントが隠されていますので、ナンバ歩きで歩こうと試みることも、ヴァイオリンの練習につながっていくのです。「12の骨体操」（30ｐ）や「7つのムーヴメント」（56ｐ）も、動きのヒント満載です。

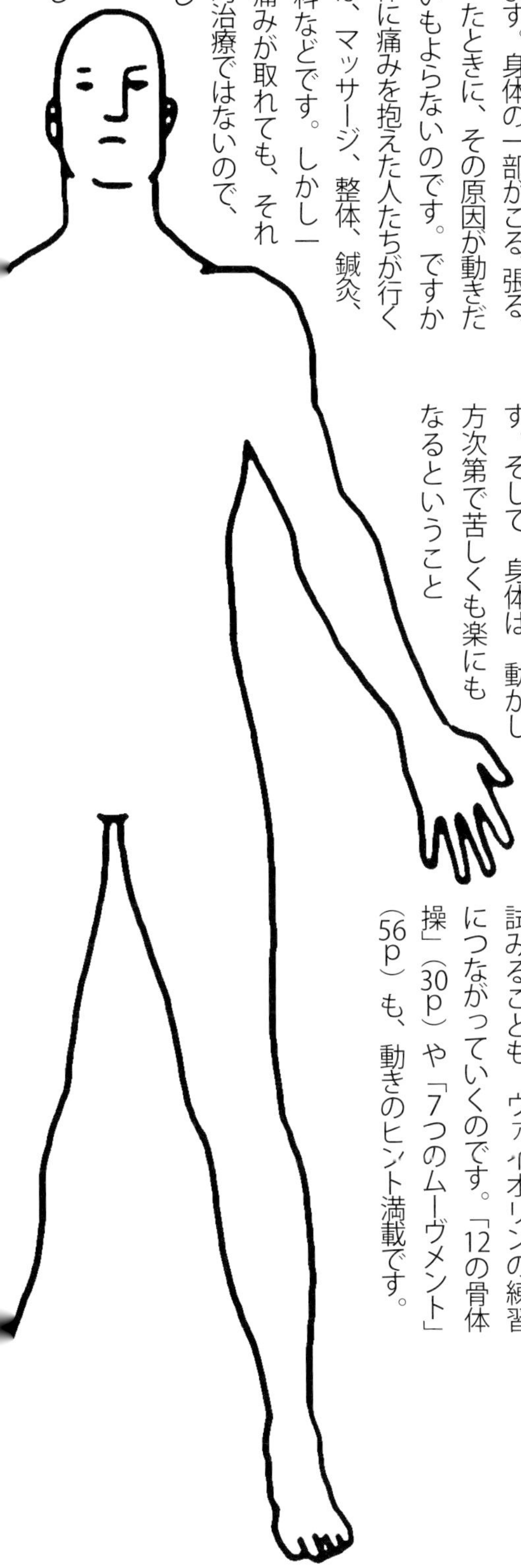

動きの感覚

長距離ランナーは、一周400mのトラックを70秒設定で回る練習をするときに、69秒とか71秒で始めてもすぐに修正して70秒で走れるようになります。1周を68秒とか72秒かかるようでは、ペース感覚がないということになってしまいます。許容範囲は、400mを走るときの誤差は1秒までです。これは日本選手権や国際大会に出るトップ・レヴェルの話ではなく、高校生でもこれくらいのペース感覚を身につけていないと、練習でも試合でも成果を出すことは難しいのです。このような動きの感覚を身につけることが、スポーツでは非常に大事です。

体操競技やフィギュア・スケートでは、自分の身体をコントロールして理想の演技をするために、やはり身体をどう動かすかという感覚を磨くことが練習の大部分です。そして、動きの感覚というのは、こう動かしたいと意識したときに結果的にどのような動きになったかということを自覚しながら身につけていくことです。そして、身につけた動きの感覚で、いつでもどこでも同じ動きを再現できるようにすることを目標としています。つまり、こう意識して動けばよい動きができる、こう意識して動けば悪い動きになるということを練習でつかんでおくのです。ですから、いつでもよい動きができるように心がけるものの、よい動きばかりができるようになるのでは片手落ちということになります。よい動きを目指していても悪い動きになることがある。そのときに、悪い動きからよい動きに立て直すことができなければなりません。そのためには、あえてこう意識して動けば悪い動きになる、ということを練習のときから理解しておき、そこからどうやって立て直すかを練習しておかなければならないのです。

ヴァイオリン演奏で考えてみると、まず動きを意識して、その感覚を身体に覚え込ませます。こう意識してヴァイオリンを弾いたからよい音が出たとか、悪い音が出たということを覚えていくようにするのです。動きを意識するためには、わざと力を入れて弾いてみたり、わざと力を抜いて弾いてみたりということを試すことが必要です。力を抜くことばかり意識するのではなく、反対に力を入れることも意識し、自由自在に力を入れたり抜いたりできるようになることが重要なのです。そうしておけば、演奏中に何が起きても対応できるようになります。

身体を動かしたときの感覚というのは10秒くらいで消えてしまいます。ですから、理想とするよい音が出たときには、10秒以内でどのような感覚で動かしたかを確認し覚えておくようにします。また、悪い音が出たときも同様に、このような感覚で弾いたらよくないと自覚するようにします。どういう音が出たかは、すべて身体をどう動かしたかにかかってきます。どう動かしたかということは、どう意識して動かしたかということです。そのどう意識するかということが、身体の感覚になるのです。そして、最終的には無意識でよい動きができるようになるまで、身体に覚え込ませるようにしましょう。

人間も動物としてみると、成長するのに非常に長い時間がかかります。身体も心も大人になるのに20年以上かかる動物はほかにいません。それだけ、周りの保護が必要であり、自分が学習して身につけなければならないことが多いのです。草食動物などは、生まれて何時間かで立ち上がり、すぐに歩き始めます。人間は歩き始めるまでに1年もかかる動物です。

動きは学習して身につける

人間が歩き始めて、直立二足歩行を行うのは遺伝子に組み込まれた情報でしょうか。いえ、そこまで遺伝子には組み込まれていません。たしかに人間は、形態的には直立二足歩行ができるような骨格をし、筋肉もついています。しかし、誰でも、放っておいたら直立二足歩行ができるかというとそうではないのです。人間も狼に育てられれば、直立二足歩行はせずに四足で歩くようになります。

人間が直立二足歩行を行うようになれるのは、学習にほかならないのです。赤ちゃんのときに、寝返りができるようになると、次は四足でハイハイが始まります。そうすると周りの大人たちは、「這えば立て 立てば歩けの親心」とばかり、つかまり立ちをさせ、歩き始めるのを期待します。また、赤ん坊の方でも、周りの大人たちが、自分と同じように這っているのではなく、二足で立ち歩いているという情報を目から得ます。その目から得ている情報が、学習の基になります。自分も周りと同じように歩きたいと感じ、何度転んでも諦めることなく直立二足歩行ができるようになるまで挑んでいくのです。

腕や手の使い方にしても、人間の手は動物の中でも珍しく、親指とほかの四本の指が向かい合うような形態です。これは、サルや類人猿とは大きく違うところで、サルや類人猿は五本の指がみな同じ方向を向いているのです。この違いが「人間は指を非常に器用に使えるが力は弱く、サルや類人猿は人間ほど指を器用に使えないが樹にぶら下がって移動したりする力は非常に強い」ということになります。しかし、人間はこのような骨格や筋肉のつき方をしていますが、狼に育てられると、食事も口だけで摂るようになり、手の指はまったく使わなくなります。

このように人間の動きというのは、遺伝子に組み込まれていて自然に歩いたり、手の指を器用に使えるようになるというものではないのです。人間の動きで、遺伝子に組み込まれていて自然にできるようになる動きというのは、お母さんのオッパイを飲むための動作などごく限られたものだけであり、それ以外の動きというのは、学習しないと何も身につかないようになっています。学習と言っても、最初は自分の目で見て真似をするだけで、それから、他人に教えてもらったり、自分で考えたりということを繰り返して動きを身につけていくのです。

このような学習過程を経ないと、歩くという当たり前だと思っている動きさえも身につきません。各自がさまざまな学習の過程を経て歩くという動作を身につけてきたので、その学習の仕方によって歩き方が変わってくるのです。学習の仕方が動きに表れるので、動きというものは非常に個性的であると思います。誰ひとりとして同じ歩き方をすることはないのです。動きがよい悪いというのは、素質ではなく学習の仕方だと思うのが自然です。

このようなことを頭に入れて、ヴァイオリンを演奏するときの身体の動きを創意工夫して変えていくことは非常に楽しい作業だと思います。今の動きに満足せず、もっとよい動きがあるのではないかと模索し、自分で身体を動かすことほど面白い作業はないでしょう。さあ、動きの改善に取り組みましょう。

❸ 練習への取り組み方

譜面台に楽譜を立て、それを見ながら音符を音にしているだけで練習していると錯覚してはいけません。何も考えず音符を音に変えていくというのは、人間を失って機械になっているようなものです。

上達するために、自分の出したい理想の音が出せるようになるために練習しているのなら、何を解決すればよいかという課題がかならずあるはずです。その課題がはっきりしてはじめて、ヴァイオリン・ケースのふたを開けて練習を始めるべきでしょう。課題もなく練習するというのは、見知らぬ街で地図を持たずに行きたいところに行こうとしているようなもので、無謀です。

自分の課題を決めるということは、自分には何ができていて、何ができないかということをまず自覚しなければなりません。そして、できないことをできるようにするためにどうすればよいか、ということから考え始めるのです。さらに、この課題は人に決めてもらうのではなく、自分で決めなければ何にもなりません。自分がどうなりたいという意志がなければ、今の自分から変わることはできないのです。ですから、頭を振り絞ってでも、自分の課題は自分で決めましょう。

そして、自分で決めた課題に取り組むために練習を始めたなら、この課題を解決するための練習はどれくらい行うか時間を決めなければなりません。1時間で解決できる課題もあれば、1週間取り組んでもまだ解決できない課題もあります。むやみやたらと時間をかけても解決できなければ自分に絶望するだけなので、課題に取り組む時間を「今日はこれだけ」と決めて始める方がよいでしょう。そのためには、練習の時間の使い方を大まかに決めてから始めることです。それがつまりは計画性であり、「この曲をどれくらいで仕上げる」という期限を決め、そこから逆算して「この日までにここまで仕上がっている」、そして「今日は何をしなければならないか」という目安が自然と浮かびあがってくるのです。そのような逆算をして考える習慣をつけると、いつの本番に間に合わせるにはどう準備を進めればよいかが分かるようになります。そのためにも、予定と実行したことを記録する練習ノートをつけることも必要です。

練習をすればかならず上達すると信じている人がいますが、それは大きな間違いです。この世の中には、下手になる練習というのがたくさんあります。そのひとつが、課題もなくただヴァイオリンを鳴らして練習したつもりになっていることです。課題がないということは、何にも集中せず身体の使い方などうわの空で弾くことになり、悪い癖がつくこと間違いありません。身体を動かすときの悪い癖が一度ついてしまうと、その動きを修正するには大変な努力がいるので、進歩が止まっているどころか後退してしまうのです。ですから、くれぐれも課題を決めてから、「その課題を解決するぞ」と気合を入れて練習を始めることが大切です。課題が決まらなかったら、練習をしないくらいの気持ちを持ってもよいのではないでしょうか。

また、スポーツ界で一流と言われて

いる人たちは、例外なくイメージ・トレーニングを行っています。練習のときは、こう動きたいという理想の動きをイメージして、実際の動きをそれに近づけようとして動いています。また、試合のときには、こういうふうに動こうとイメージしてから試合に臨んでいます。

　このイメージ・トレーニングは、演奏にも応用できます。まず、自分が演奏したい理想の音をイメージすることから始めます。自分がこう弾きたいという音を、頭の中で鳴らすのです。そして、練習では、自分の出す音を理想の音に近づけるように身体の使い方を工夫するのです。この自分が出したい理想の音を頭の中で鳴らす行為自体もかなりの集中力を必要とします。5分くらいの曲でも、雑念が浮かばないように音だけ鳴らすということは、集中力以外のなにものでもないのです。ちょっと自分で試してみてください。

　理想の音を流すというイメージ・トレーニングができるようになったら、次は動きも入れてイメージします。実際に自分がヴァイオリンを弾いているイメージをしながら、頭の中で音も鳴らすのです。これは、ヴァイオリンを実際に弾いているように、身体を小さく動かしながらやった方が最初はうまくいきます。実際にヴァイオリンを弾いているようなイメージをしながら身体の動きに集中し、身体をどういうふうに動かして理想の音を出そうかとイメージするのです。

　この練習のよいところは、イメージですから絶対にミスをしないということです。いつでも、完璧な演奏をイメージすることができるのです。そして、普段ヴァイオリンを演奏していると、身体の動きに注目しようとしても、出てくる音がどうしても気になりますが、その音を頭の中で鳴らしているので、身体の動きに集中できるのです。

　そして、ヴァイオリンの練習のときには、まず身体の動かし方のイメージをして、それから実際に弾いてみるということを繰り返せば、より技術が身につきやすくなります。スポーツでもそうですが、技術を身につけようとするとき、まず動きのイメージをしてから実際の動きをイメージに近づけようとする方が効果的な練習ができるのです。

　ただ、バリバリとヴァイオリンを弾くばかりでは、効果的に技術が身につきません。まずイメージする、それから身体を動かすという練習法を身につけることが大事です。上手く弾けたことをイメージするなどということをやっても、ただのおまじないのようなもので何の効果もありません。ここのところを間違えないようにしてください。

　イメージ・トレーニングというのは、理想をイメージして実際をそれに近づけていくということなのです。

五感を敏感にする

　ここで「感性」について述べておきましょう。スポーツや音楽の世界では、「感性」という言葉がよく使われます。感性という言葉は、何となく使いやすいのでよく用いられるのですが、共通理解というものはあるのでしょうか。それがないと同じ言葉を使っても意味が通じなくなってしまいます。ですから、感性とは一体何なのかということを定義しておかなければなりません。辞書には「外界の刺激に応じて感覚・知覚を生ずる感覚器官の感受性」「感覚によってよび起こされ、それに支配される体験内容」などとありますが、分かりにくいので、ここでは「五感（視覚・聴覚・嗅覚・触覚・味覚）を使って変化を感じる力・違いを感じる力」と定義します。変化や違いに気づく力と言ってもよいでしょう。ヴァイオリンを演奏するときの、身体の動かし方の違いや出てくる音の違いに気づいたりすることです。また、ヴァイオリンを演奏する部屋の気温や湿度の違いに気づくということも挙げられます。そして、演奏するときの自分の体調によって、演奏自体が変わってくることは、すでに体験していると思います。

少しの変化や違いに気づけるようになるためには、感性を磨く必要があります。感性を磨くとは、五感を敏感にすることです。五感を敏感にするためには、やはり自然と触れ合うのが一番よいでしょう。自然はいつも変化していて、留まっているということはありません。空の色もつねに変化し、雲もつねに動いています。道端の草でも、日々変化しています。そのようなことに気づくようにしたいものです。

視覚に関しては注意力を上げてよく観察するようにすればよいのですが、触覚はどうでしょう。一日の中で自分が触っているものは、人工物ばかりではないでしょうか。何か自然のものに触れていますか。草や花、樹を見ても、触ってはいないのではないでしょうか。そのような身近なものから積極的に触るようにしましょう。それが、感性を鋭くするということです。また、外に出るときにも靴は履いていますが、靴を通して路面を感じるようにしましょう。コンクリートとアスファルトではその感触に違いがあり、それを感じとれるようにするのです。もちろん土や芝生ではまったく違います。そして、水も同様、川や池、海などは見ているだけではなく、手で触ってその感じを味わうことが大切です。

嗅覚は、花の香りだけでなく風にも香りがある――そのようなことに敏感

になることです。また自然の中では、気持ちのよい香りばかりではなく、当然嫌な臭いもあります。そのような臭いにも敏感になりましょう。芳香剤やコロンなど人工的な香りばかりに包まれるのではなく、自然の香りを積極的に体験することが必要です。

　味覚に関しては、辛いものや味の濃いものが好みという人は鈍感ということになります。微妙な味の違いに敏感になり、薄味でも満足できるようにしたいものです。そして、いろいろな食べ物に挑戦して味の違いを感じられるようにしましょう。人間はさまざまな栄養を吸収しないと調子が悪くなりますので、季節ごとに旬のものを中心に偏らず食べるようにしましょう。それが、感性を鋭くすることの一端を担っています。

　聴覚ですが、雨や風の音を聞き、台風でも楽しめるような余裕を持ちましょう。自然の中にもさまざまな音があります。中でも、水の音、小川のせせらぎ、寄せては返す波の音、流れ落ちる滝の音などは、人間を癒す効果もあります。また、水辺に行けば、心が落ち着いて争いごとをしなくなり温厚になるという効果もあります。

　そして音楽。ヴァイオリンだけでなくさまざまな楽器の生の音を聴くようにしましょう。その音の中で、よい音・よくない音の違いにも敏感になるようにしたいものです。

　自分の体調にしても、最高から最低までいろいろなランクがあります。その違いを感じ、体調をよくするためにはどうすればよいかという自分なりの方法も見つけておくとよいのです。ナンバでは、身体を動かしたときの快・不快を敏感に感じとり、それを基準にするので、動きの感性がつねに鋭くなければなりません。このようなことも、自分が身体を動かしたときの感覚に敏感になるよう注意を自分の身体に向けていけば、徐々にできるようになります。

よく「ヴァイオリンの練習を習慣にする」という言葉を聞きます。これはよいことのように聞こえますが、少々危険です。練習が習慣になってしまうと、時間が来ると何となくヴァイオリンを構えて音を出すようになります。そうなってくると自分の意志というものがまったくなく、朝の歯磨きや顔洗いと同じように無意識となり何の進歩もしなくなるのです。

練習したいという気持ちが大事

ではどうすればよいかと言うと、自分から上手くなりたいから練習したいんだという気持ちを持つことです。自分から練習したいということが、非常に大事なのです。先生に言われたから、誰かに言われたから練習しなければならない、というのは自分の意志ではなく誰かのためにやることであって、そこでは集中力など出ようはずがありません。集中力のない練習というのは、何の成果も上がらず無駄骨に終わってしまうのです。自分から練習したい、とならないと、練習を始めても意味がないということです。本番も同じことで、「本番があるから練習しなくてはならない」ではなく、「本番で弾きたいから練習したい」となるようにしましょう。

では、「練習したい」という気持ちはどこから生まれてくるか。それは「ヴァイオリンが好き」「ヴァイオリンでこの曲を弾きたい」「もっとヴァイオリンが上手くなりたい」という想いからです。そのような「自分から〜したい」という積極的な気持ちがない限り、楽しむことはできません。誰かがあなたを楽しませてくれるのではなく、自分から楽しむという気持ちがない限り楽しめないのです。そして、楽しくないことは、すぐに嫌になるし辞めたくなるものです。楽しければ続けることはたやすいし、深く突き詰めようとする探究心も自然と湧いてきます。

少し逆説的に考えれば、「ヴァイオリンが嫌いになったらすぐに辞めてやる」と決心することも一案です。人間は、いつでも辞められると思うと簡単に辞めないもので、ヴァイオリンより面白いものなんてあるかなと立ち止まって考えるようになります。そうやって考えているうちに、自分はこんなにヴァイオリンが好きなんだと気づくこともあるのです。

すべての基礎は「好き」という気持ちだと思います。好きという気持ちが、自分を動かす原動力です。好きでやっているから、もっと上手くなりたい、いろんな曲を弾きたいと広がっていきます。そして、好きでやっているからこそ辛いことにも耐えられるようになるのです。

頑張り感を消していく

一般的には、ヘナヘナとしているよりも頑張って物事に取り組んで、頑張って生きていることがよいことと評価されています。しかし、本当に頑張っていること、本人が頑張り感を意識していたり、見ている人に頑張っているのが伝わるということがよいかどうか、少し考えてみましょう。

たとえば、スポーツの世界のトップ・レヴェルで活躍している選手たちは、競技中に頑張っているように見えるでしょうか。ジャマイカの陸上競技選手 ウサイン・ボルトが走っているのを見て、頑張り感が伝わってきますか。たしかにボルトは人類で一番速く走れますが、その走りは滑らかで、なおかつその動きから美しさは伝わってきても頑張り感は伝わってきません。

どの種目でもスポーツで世界のトップ・レヴェルになれば、その動きは洗練され滑らかで美しく見えるようになります。それは、楽器を演奏する動きでも同じです。ヴァイオリンの巨匠と呼ばれるような人や第一線で活躍しているヴァイオリニストたちの演奏する姿を見てみましょう。誰もが楽々とヴァイオリンを操り、羨ましいような音を出しています。

そこに大きなヒントがあるのです。ヴァイオリンの初心者、初級者の演奏を見てみると、実に「頑張って」ガチャガチャと弾いています。

しかし、出てくる音はきれいな音とは程遠いものです。世間一般で言う「頑張ることはよいことだ」というのが、スポーツや音楽の動きでは通用しないどころか、頑張ることが動きの足を引っ張っているのです。身体を動かすときに「頑張ろう」と意識すると、余計な緊張感を生み、無駄な力が身体の局部に入ります。そうすると、動き自体から滑らかさが消え、とても美しい動きには見えなくなるのです。つまり、無駄な動きが入ってくるということです。そして、そのような動きが見ている人に「頑張っている」ように伝わるのです。これは、ヴァイオリンを演奏するときの身体の使い方に関しても同じことが言えます。

ヴァイオリンを頑張って弾こうと意識すると、身体は窮屈になって自由に動けなくなります。そして、無駄な動きで身体をうねらせたりするのです。ですから、結果的に出てくる音もよいはずがありません。頑張り感というのは、余計な「力み」と言い換えてもよいでしょう。この「力み」を消していくことが上達につながります。

ではどうするかと言えば、身体を動かすときに筋肉意識から骨意識に変えていくということがひとつ。それから「頑張らず、楽々と弾こう」と意識することも大事です。意識と動きを連動させて頑張り感を消していくようにしましょう。自分の演奏している姿を動画撮影し、自分の動きを確認するのも効果的です。

ヴァイオリンから逃げないために

ヴァイオリンに限らず、何かを選び上達しようとして始めることは非常によいことです。しかし、せっかく始めたのに辞めてしまったという話もよく耳にします。根本的に自分に向いていないと感じたのなら仕方がないのですが、辞める理由が「面白くなくなった」「楽しくない」では、何かもったいない気がします。

なぜ、面白くないか、楽しくないか――それは、自分なりに時間とエネルギーをつぎ込んで努力しているつもりなのに、それに見合った上達がないと虚しくなってしまうということなのです。努力をしているのにその成果が見られないと、人間は言い訳を考え始めます。「自分には才能がない」というのが一般的です。

でも、本当に才能の問題でしょうか。私はさまざまな分野で努力している人をあまた見てきましたが、才能がないから成功しないという例をほとんど知りません。むしろ日々の努力が一番大事だと思っています。そして努力を続けることが、成長につながると信じています。しかし難しいのは、努力を重ねているにも関わらず成長につながらないことがあるということです。そのような場合、本人は努力をしているつもりでも、練習自体は明確な課題もなく時間つぶしにしかなっていなかったり、また練習の方向性が悪かったりするものです。こうなると、いくら時間をかけてエネルギーを注ぎ込んでも上達せず、だんだん面白くなくなってきて辞めようかなと思ったり、違うことに目移りしたりします。

まず考えてほしいのは、これだけ努力を重ねているのに伸びないのなら、努力の仕方に問題がないか、努力の方向性に問題がないかと振り返ってみることです。努力すれば、かならず報われるというのは非常に甘い考え方です。努力をすることは大事ですが、その努力がきちんと伸びるための努力になっているかどうか確かめることです。また、短期・中期・長期に見てその努力の方向性が合っているかどうかも確認していかなければなりません。

まず、自分の今のヴァイオリン演奏のレヴェルをしっかりと自覚して受け止め、どうすれば上達するのかを考え、その練習を取り入れるようにします。その練習で上達すれば、それを続けていけばよいし、しばらく練習を続けても上達しないなら、その練習が間違っているかもしれないと違う練習法を探してみます。そして、一段レヴェルが上がれば、また違う練習の仕方を考えるという習慣をつけるようにしましょう。自分で考えて練習しない限り、上達することなどほとんどなく、また楽しくもないものです。先生の操り人形になってヴァイオリンを弾いていても、何の楽しさも感じません。自分で考えるということを大事にするのが、ヴァイオリンを楽しむ一番の方法です。

▼やってみよう！　プチ・レッスン

——遠藤記代子

ここまで「ナンバ」の理念を中心に解説してきましたが、実際のヴァイオリン演奏においてナンバの身体の使い方がどのように役立つのか、よく聞かれるお悩み例２つをモデルに、簡単なレッスンで体験してみましょう。

お悩み例1　「左手の小指が届かない」

指板に４本の指をのせたとき、小指が押さえたい位置まで届かないという悩みをよく聞きます。これは、指を伸ばす感覚が少し違っているのかもしれません。

ナンバ式ヴァイオリン奏法の考え方は、「身体のどこに平行四辺形があるのか」を探すところから始まります。この場合は、手のひらに平行四辺形を感じることができるかどうかが重要です。イラストのように、この平行四辺形を折りたたむようにして手を使いましょう。

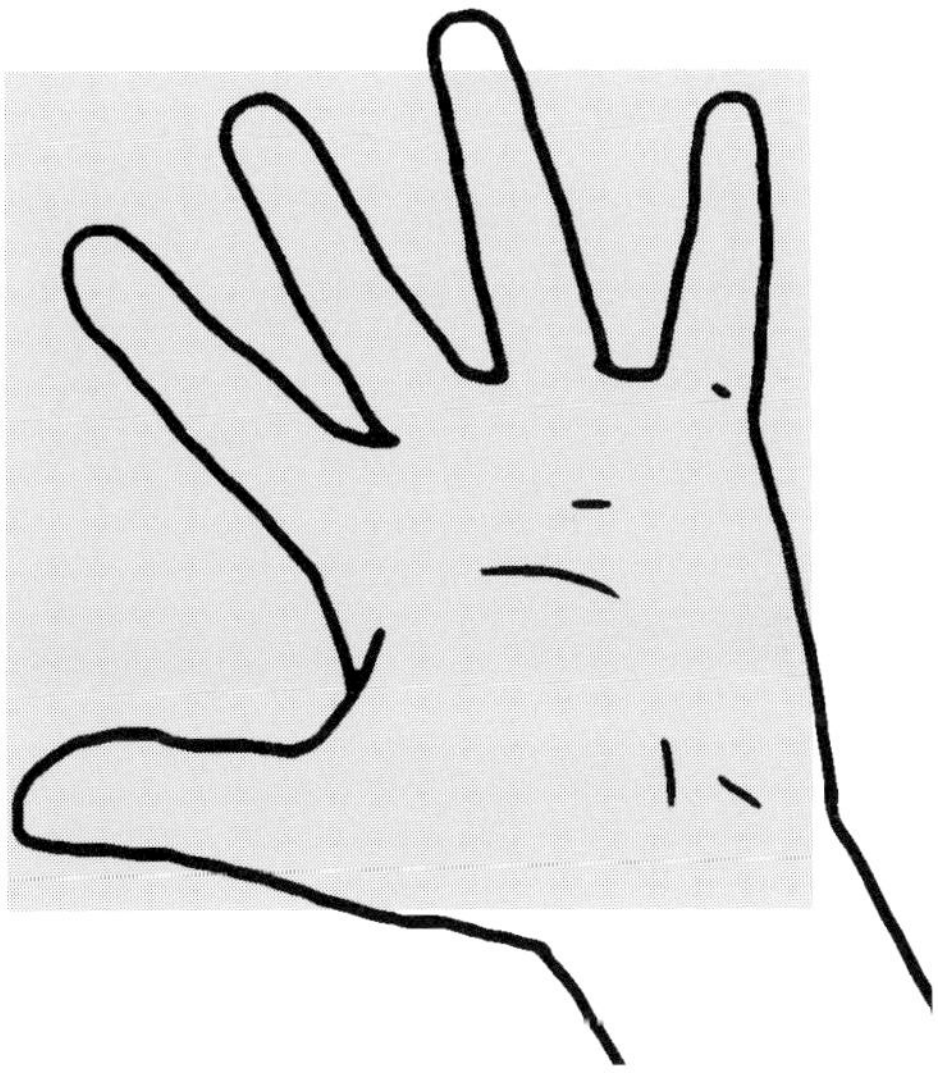

手のひらを箱に見立て、

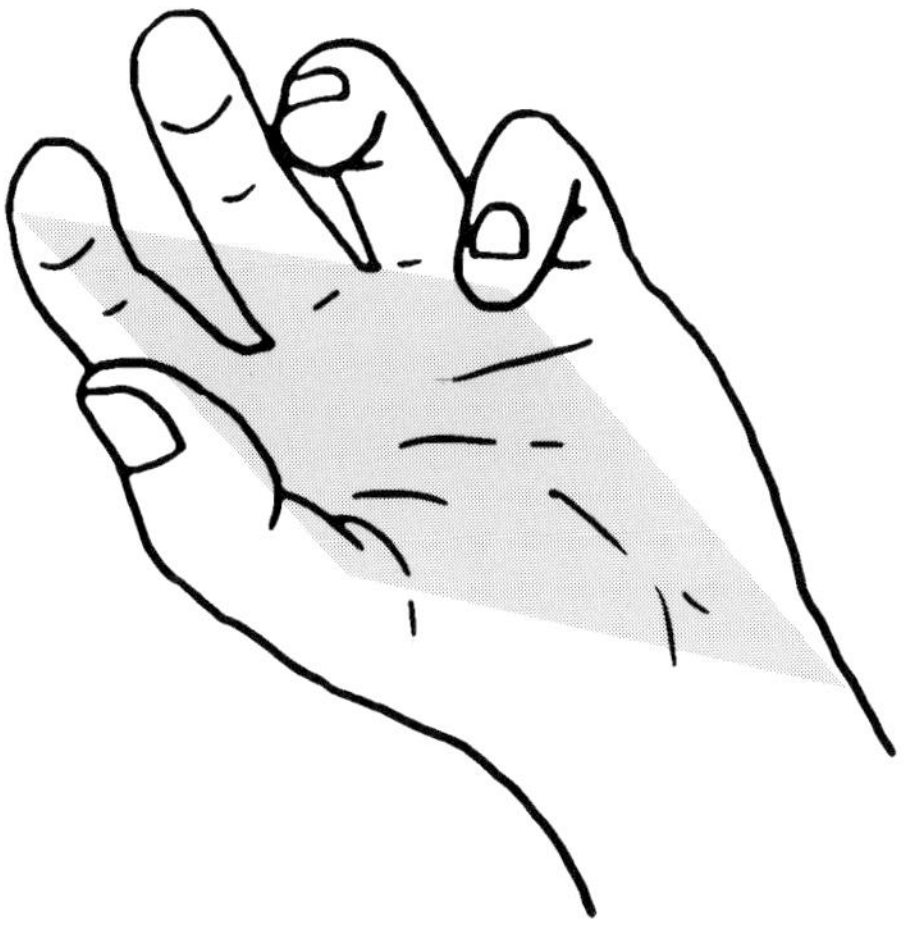

平行四辺形に折りたたむイメージ。親指のつけ根と小指のつけ根が近づき、手首の小指側と人差し指のつけ根が対角線上に伸びていくと感じてください。

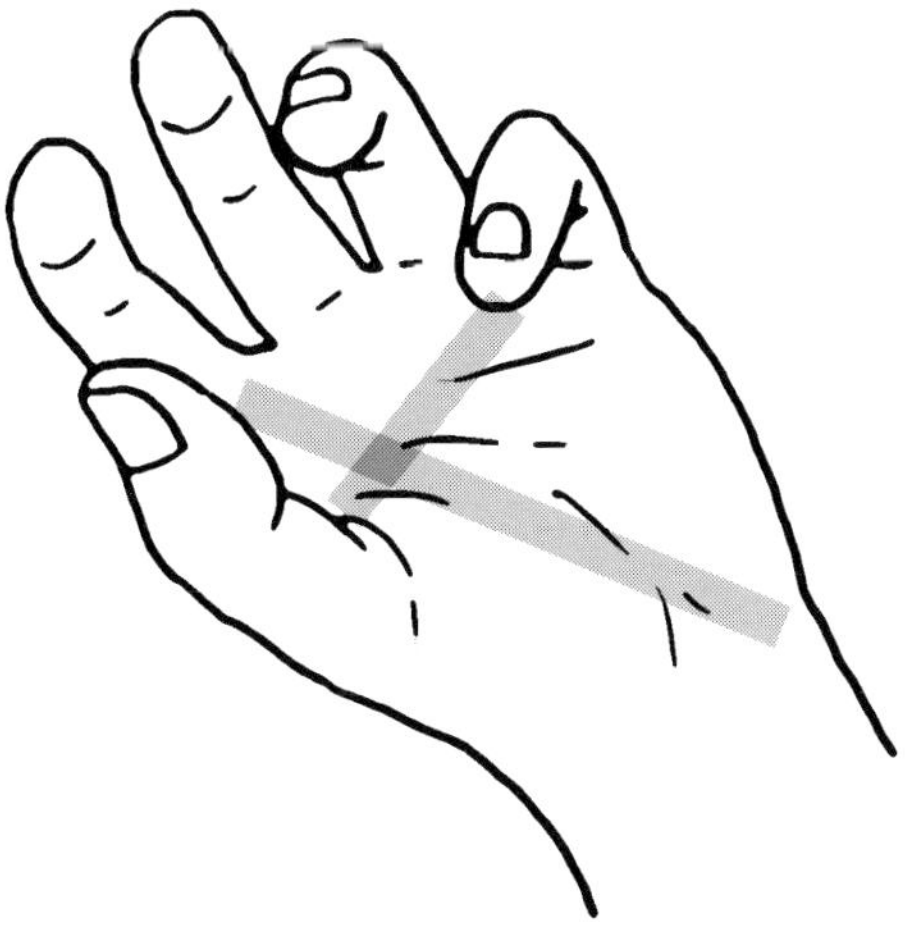

このように対角線上に引きつけ、引き伸ばして使います。この方向に平行四辺形をたたんで手を使えば、小指はどんな人でも届きます。

お悩み例2

「弓が弦に対して真っ直ぐにならない」

ボウイングが真っ直ぐにならないというのもよく聞かれる悩みです。

では、今度はどこに平行四辺形を感じられるでしょうか。

まず、中弓の構えからスタートします。このときに肘は直角。ここに平行四辺形がありました。

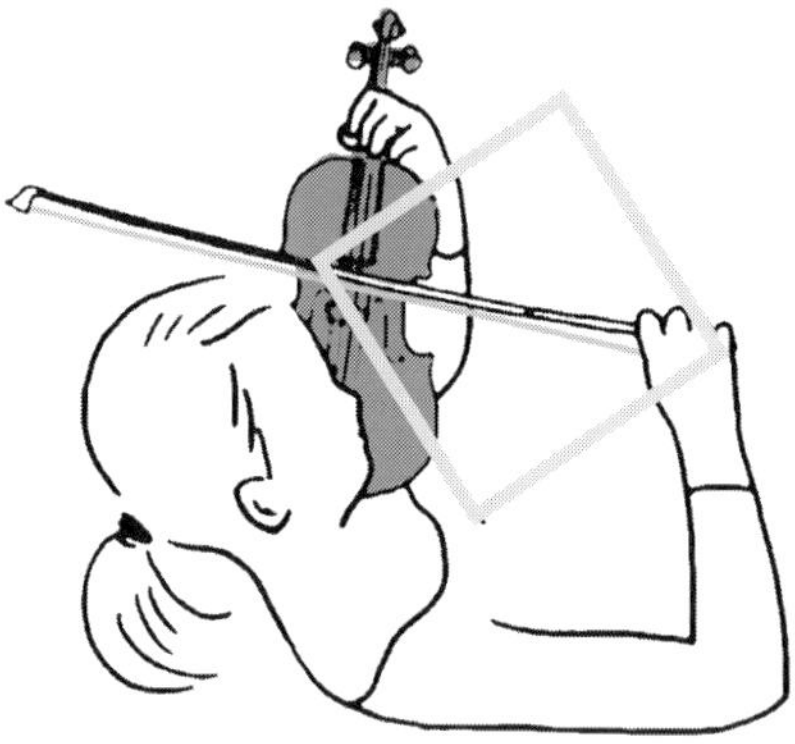

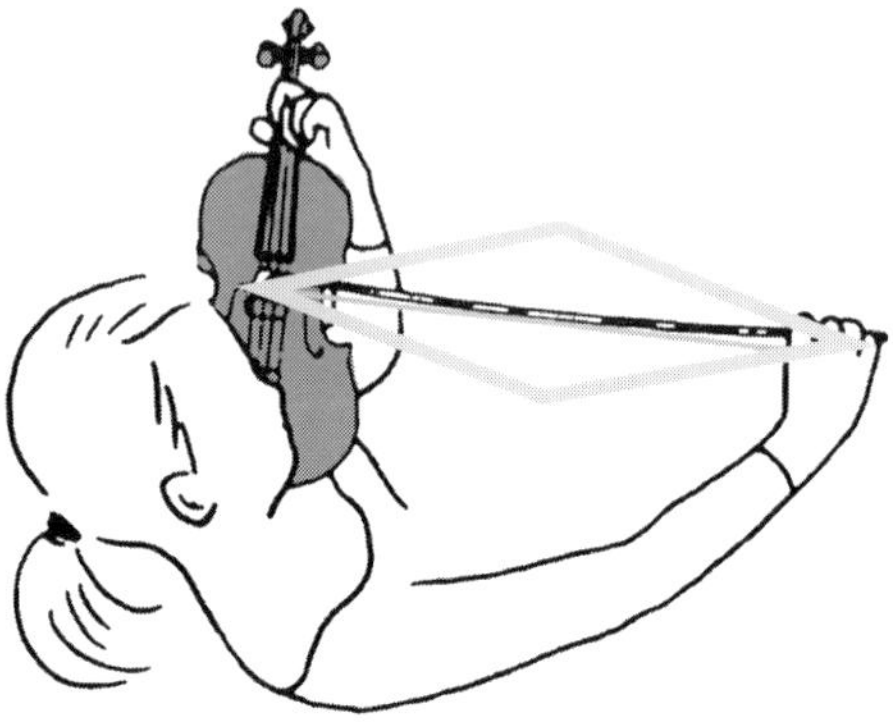

このとき肘は前に出ることがわかります。肘を一瞬たりとも固定させてはいけません。

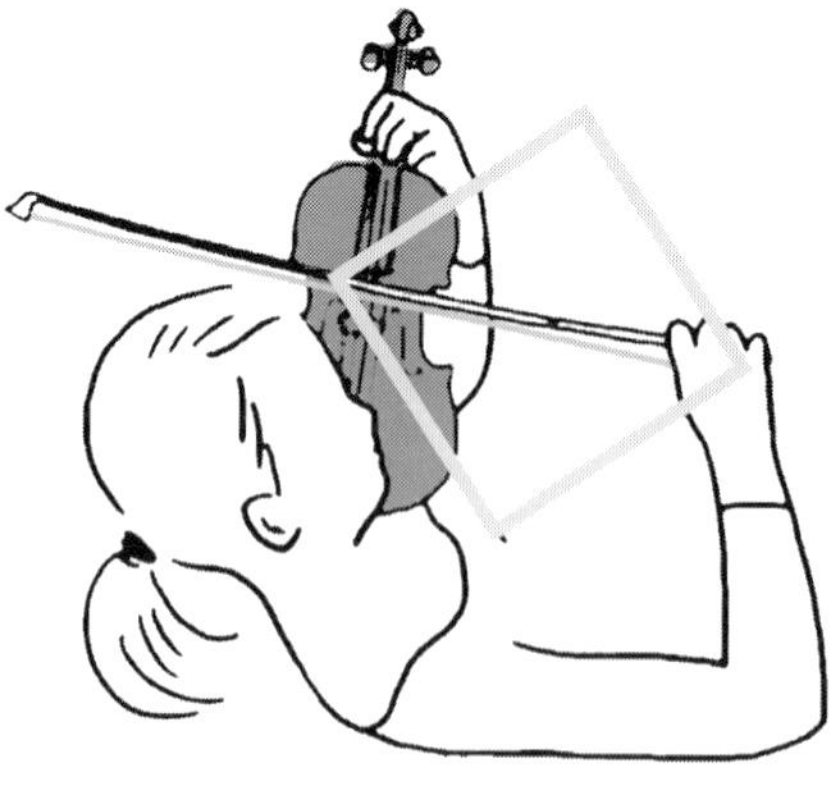

弓の道がきちんとこの平行四辺形の対角線上を進むようにしてください。平行四辺形の対角線はつねに真っ直ぐですから、ボウイングもかならず真っ直ぐになります。

真ん中の弓に戻り、次は元弓へと進めます。先ほどとは反対側の角を折りたたむイメージです。

ボウイングがいつまでも安定しない人にボウイングのイメージをたずねると、大抵「肘を動かさない」という答えが返ってきます。つまり「肘を固定させる」ということです。「肘を固定させる＝動かさない」というイメージは、肘を支点にしてボウイングするということになってしまい、弓の道はコンパスのように丸く描かれてしまうのです（右図参照）。これでは「曲がっているボウイング」になってしまいます。

真っ直ぐなボウイングのコツは「支点を作らないこと」です。

平行四辺形の対角線上を弓が行き来していれば、ボウイングが曲がることはありません。

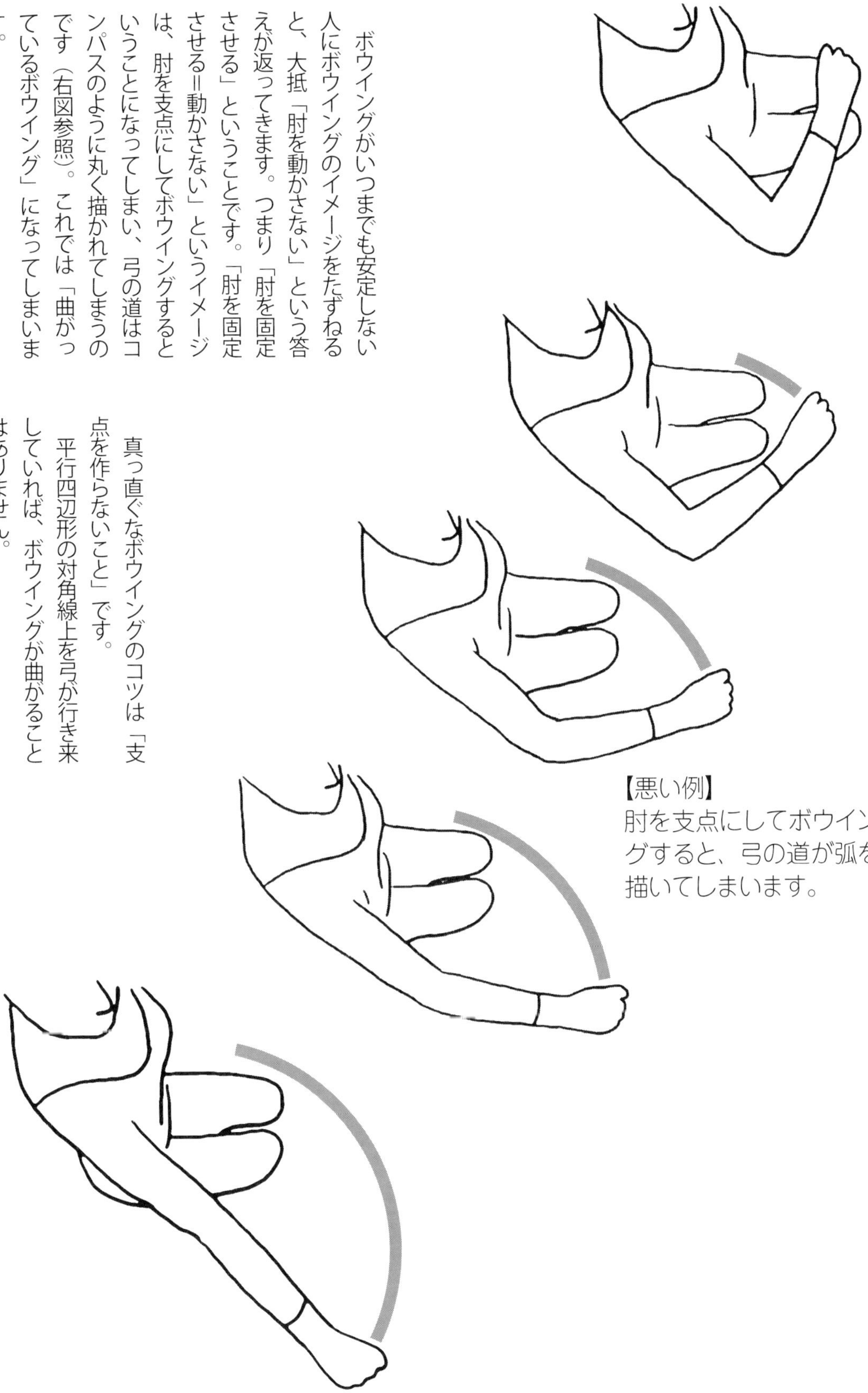

【悪い例】
肘を支点にしてボウイングすると、弓の道が弧を描いてしまいます。

12の骨体操

　日常生活の動きでも、ヴァイオリンの演奏でも、自分の身体を動かすということはよほど意識しない限り自分の習慣であり、つまり癖で無意識に使っているものです。そのような動きは、上半身下半身・左半身右半身と対象に使っているかというとそうでもなく、非常に偏った使い方をしていて、結果的に身体のバランスを崩し、骨格が歪んできます。そのバランスを崩した身体で動かし続けると、身体を思い通りに動かせなくなったり、痺れや麻痺を起こす原因となるのです。

　ヴァイオリン演奏の動きというのも、身体全体から見ると非常に不自然なものです。左肩と顎でヴァイオリンを支え、左手は弦を押さえ右手は弓を動かすというなんとも奇妙な動きと言えます。そして、ヴァイオリン演奏で脊椎側湾を起こすケースは、私もよく耳にし、その改善法の指導もしています。また、腰痛や背中の張り、肩こりなども、バランスを崩している身体のままでヴァイオリンを弾いていることが原因のひとつです。

　身体と対話を行いながら、身体のバランスを整え、身体感覚も高めるナンバ式の12の骨体操を行うことで、それらを改善していきましょう。

（矢野龍彦）

骨体操 1
骨盤の前後調整

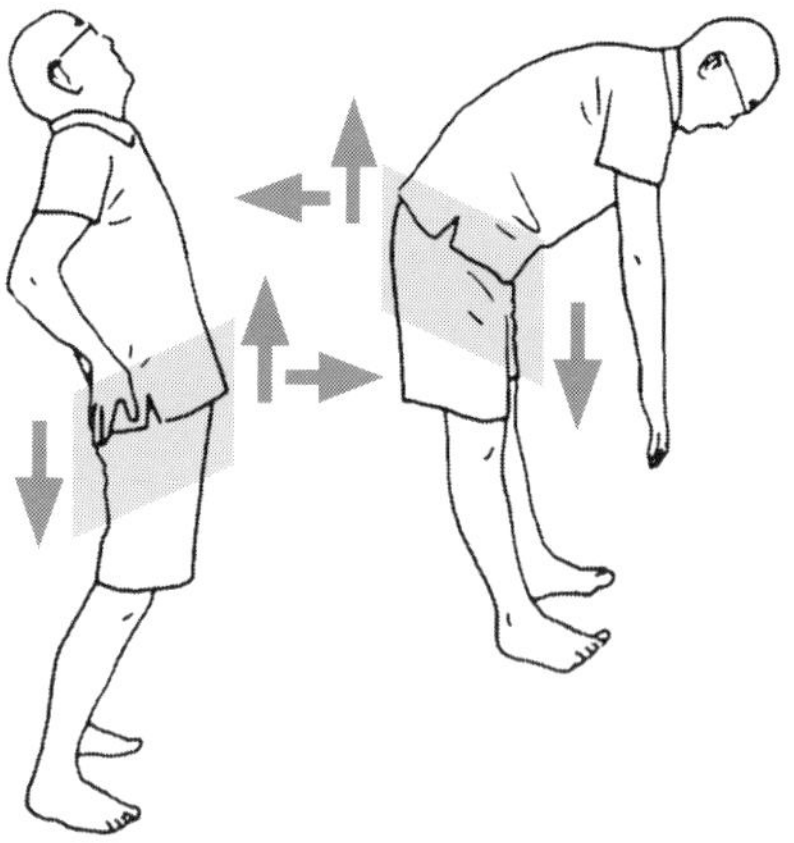

骨体操 2
骨盤の横調整

骨体操 3
骨盤の左右方向転換

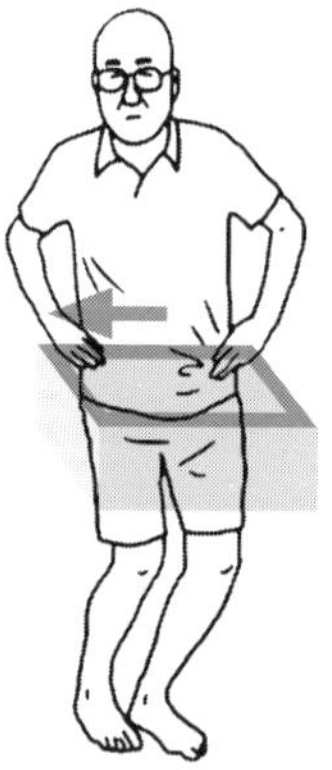

骨体操 4
胸郭の調整

骨体操 5
胸郭を自然体に
近づける

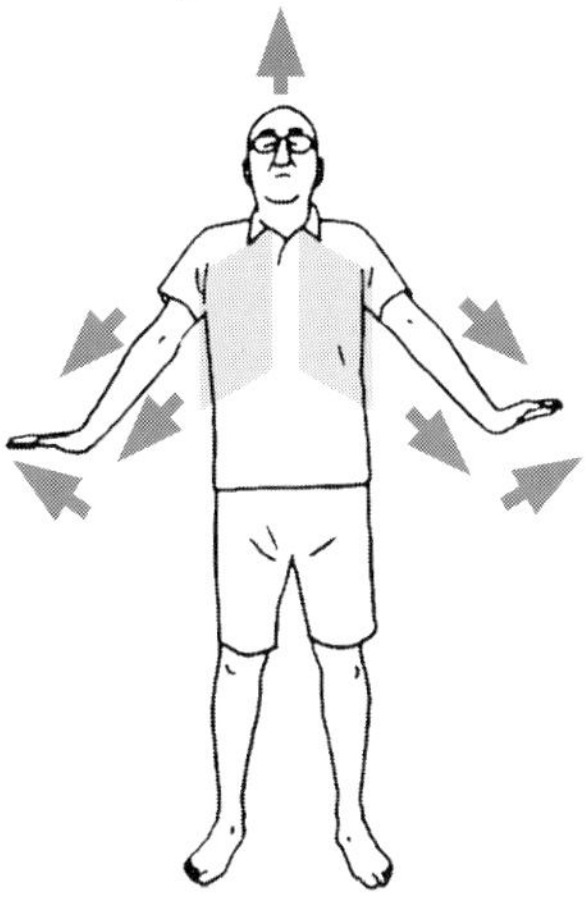

骨体操 6
肩甲骨を開く

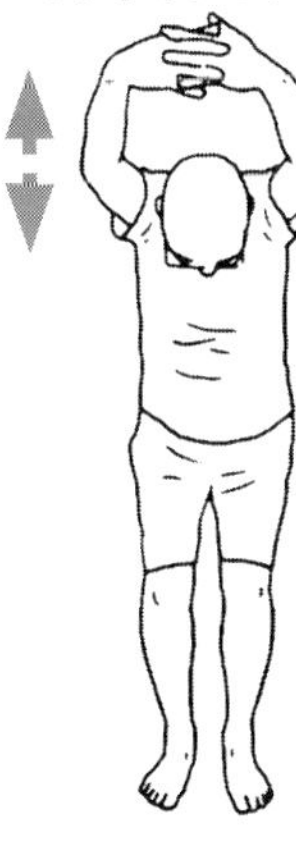

骨体操 7
胸を横・縦に開く

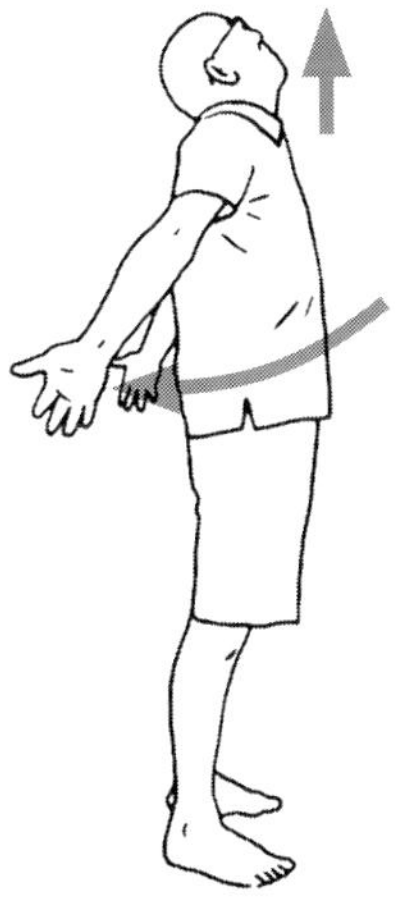

骨体操 8
卍（まんじ）

骨体操 9
股関節への刺激

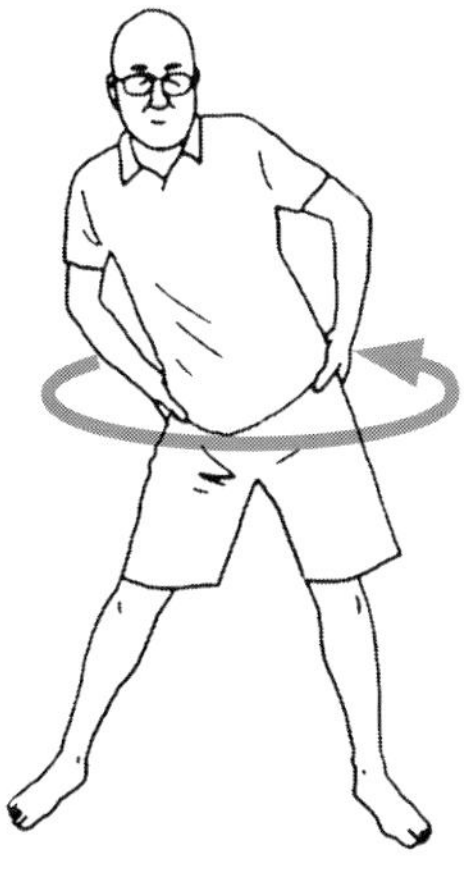

骨体操 10
膝・足首の
バランス調整

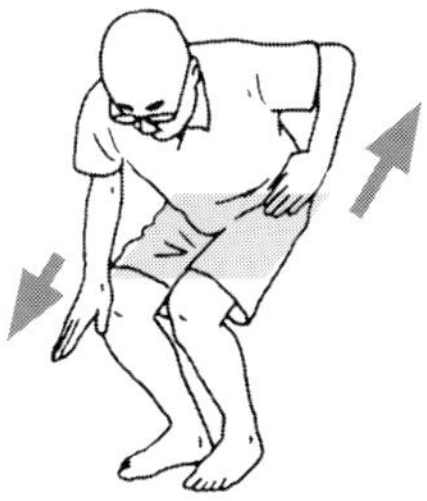

骨体操 11
足裏のバランス調整

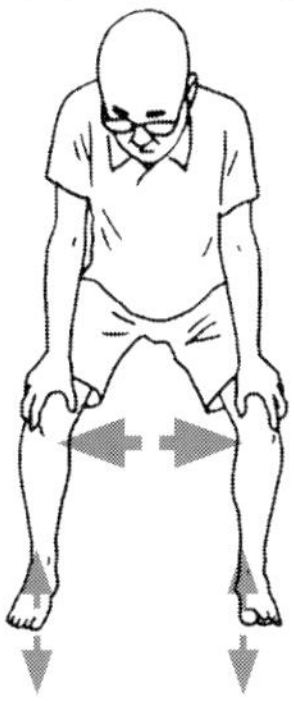

骨体操 12
ストレッチング

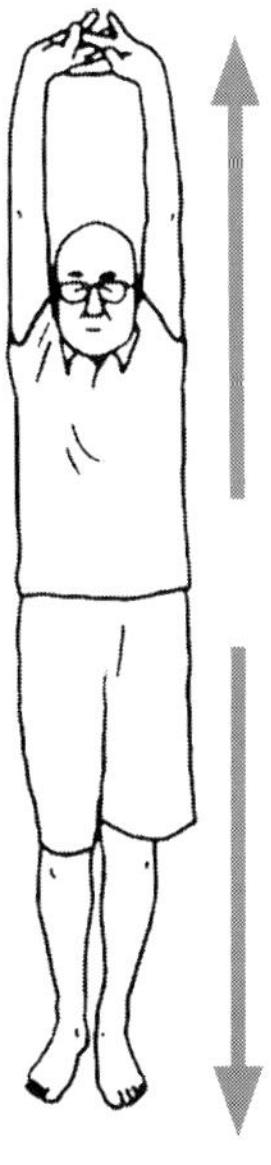

骨体操 1
骨盤の前後調整

日常生活の動きは、ほとんどが身体の前で行われるため前屈みの姿勢が多くなります。普段、身体を後ろに反ることはほとんどありません。そのような動きで歪んでくる骨盤を、前後調整を行うことで整えます。

腰を前後に倒します。骨盤を箱ととらえ、その箱を平行四辺形に変形させるような意識で前後に動かしましょう。

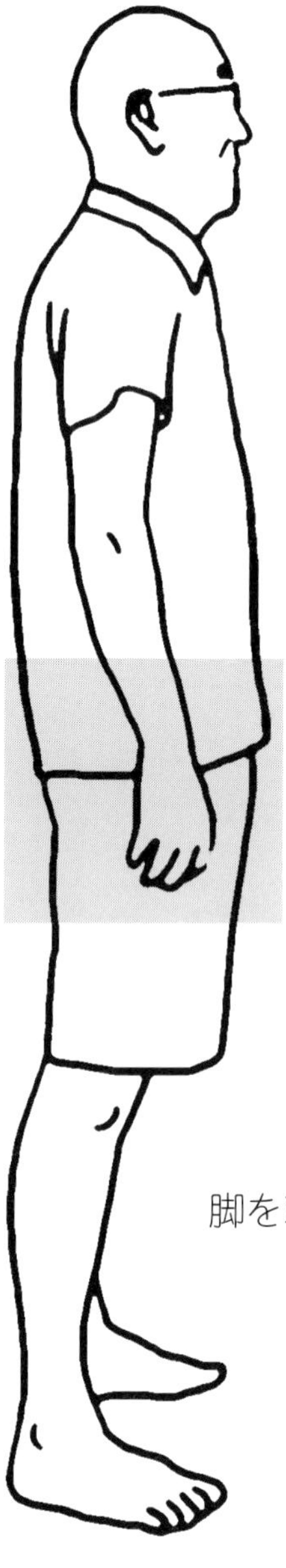

1

脚を軽く開いて立ちます。

2

まず、腰を後ろに引きながらかかと重心にして、ウエスト部分から上体を少し前に倒したときの腰の感覚をとらえます。

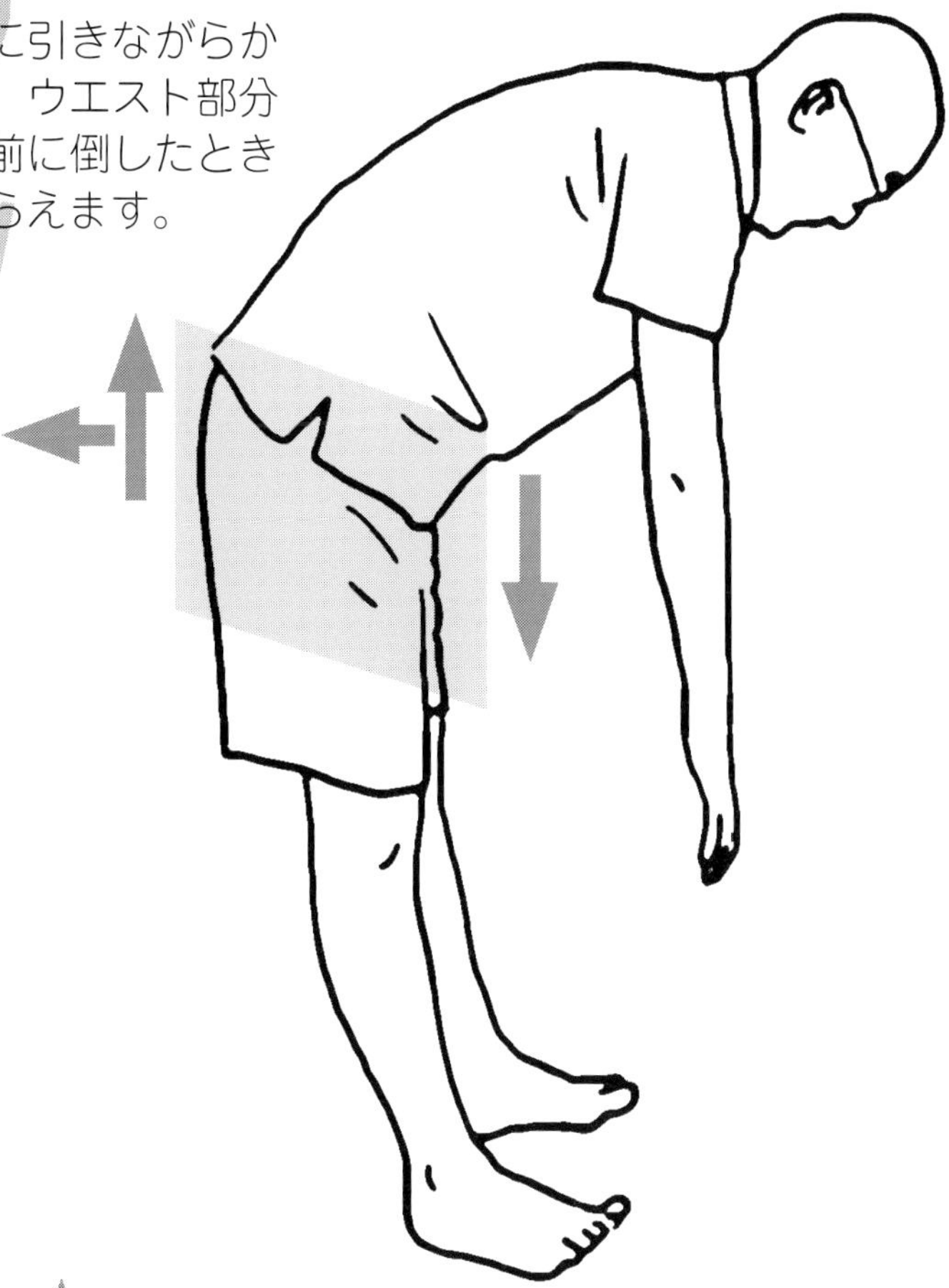

3

次に、腰を前に押し出しながらつま先重心にして、ウエスト部分から上体を少し後ろに倒したときの腰の感覚を比べましょう。

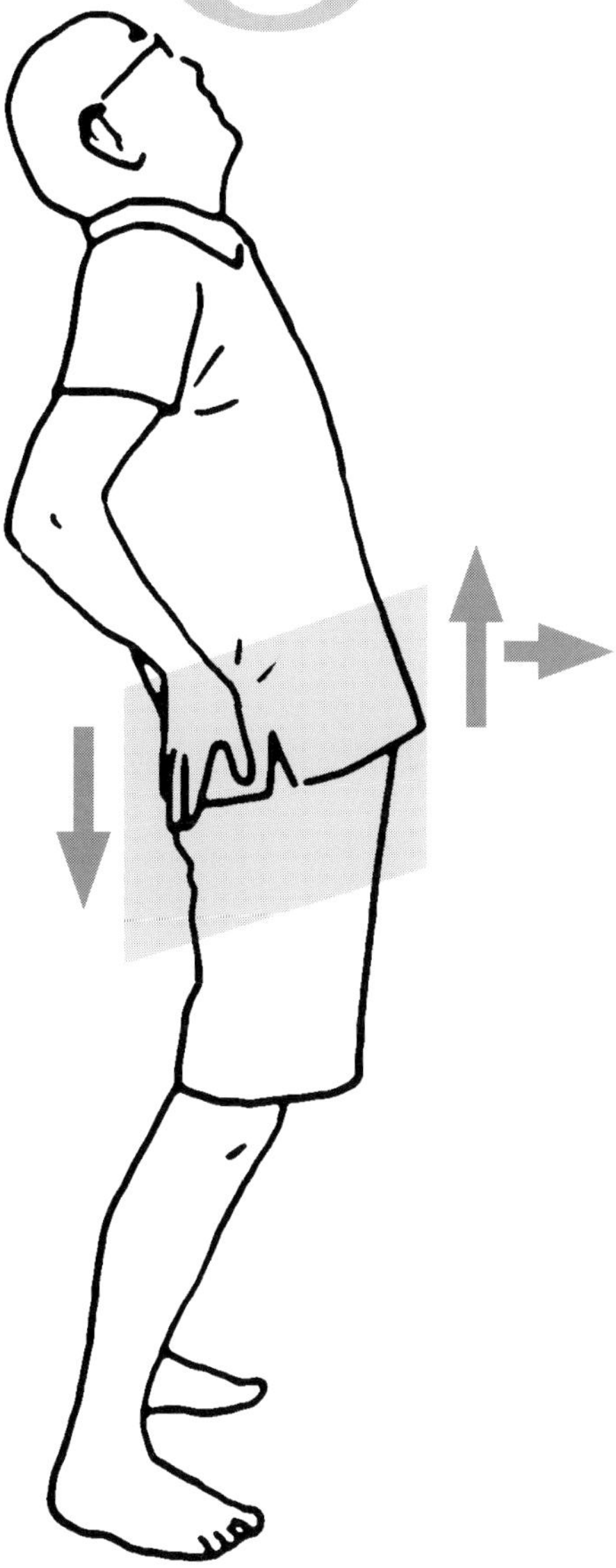

前後、どちらに倒したときの方が何ともない（快）かを感じとり、何ともない方向に４回ほど上体を倒します。そして、逆の方向に上体を倒してみると、楽になったことが感じられるでしょう。

骨体操2

骨盤の横調整

脚を組んだり、荷物を持つときの片脚への加重などにより、骨盤の左右のバランスが崩れてきます。その骨盤の左右方向への横調整をする体操です。

腰を横移動させます。腰を身体の前面から見て、横に平行四辺形に変化させましょう。

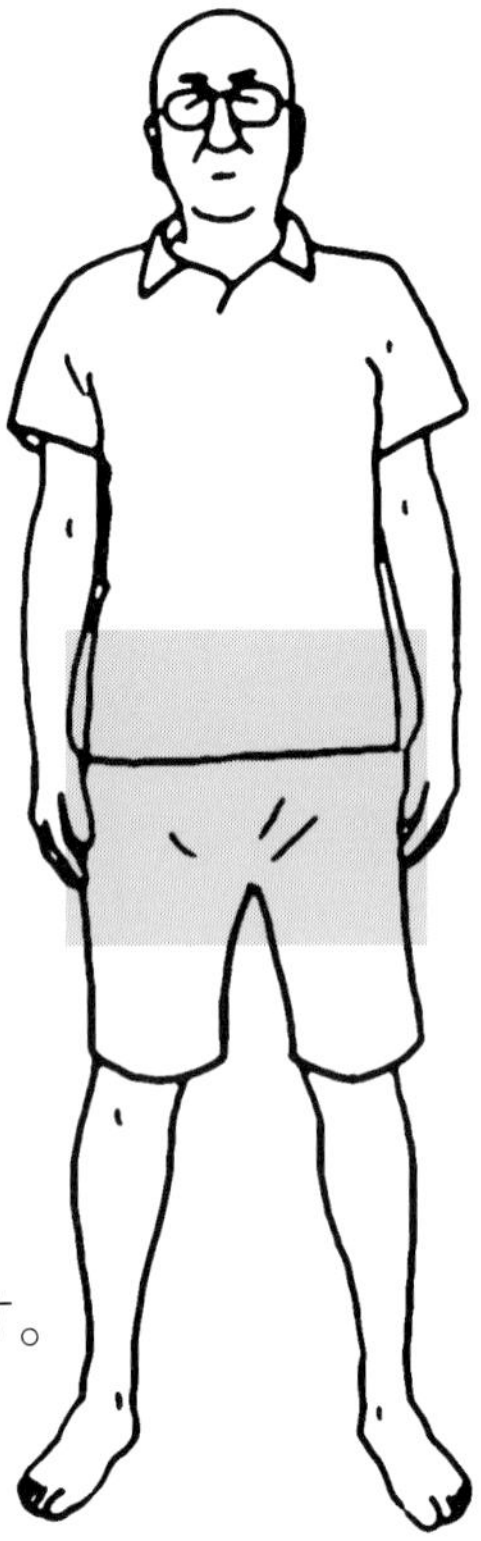

1
脚を軽く開いて立ちます。

2
まず、腰を右脚の上に移動し、肩を左に移動させるように左手で引っ張ります。このときの腰の感じをとらえます。

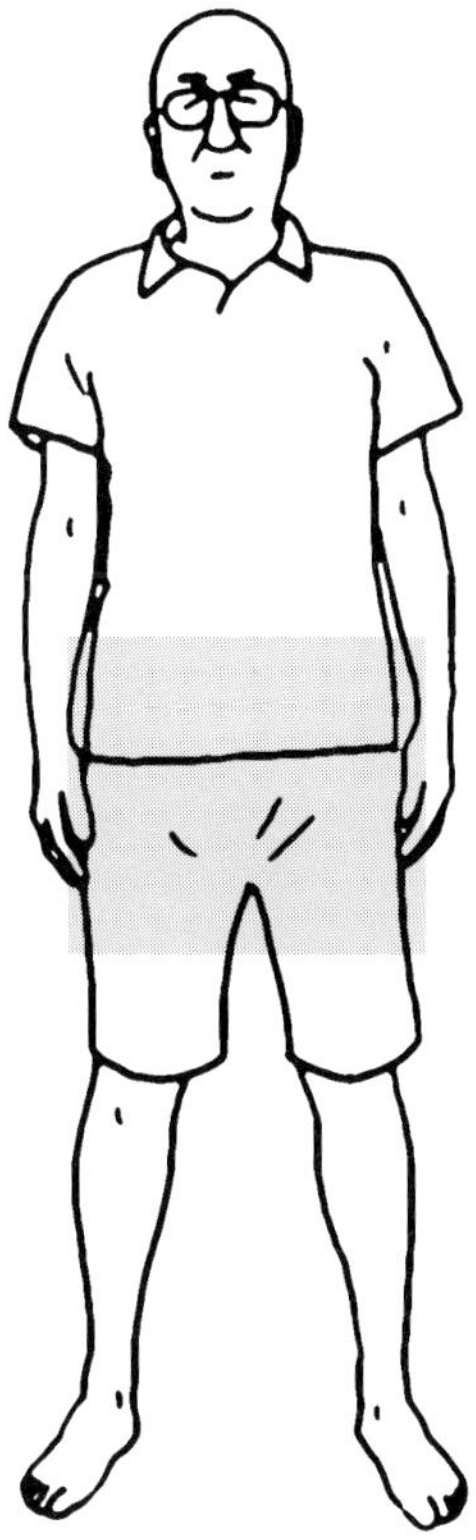

3

最初の位置に戻します。

4

次に、腰を左脚の上に移動させて、肩を右に移動させるように右手で引っ張ります。このときの腰の感じを、腰を右脚の上に移動させたときと比べましょう。

どちらかというと楽に行えた方（快）へ４回ほど動かします。そして、いま行わなかった方向に身体を動かしてみれば、楽になったと感じるでしょう。

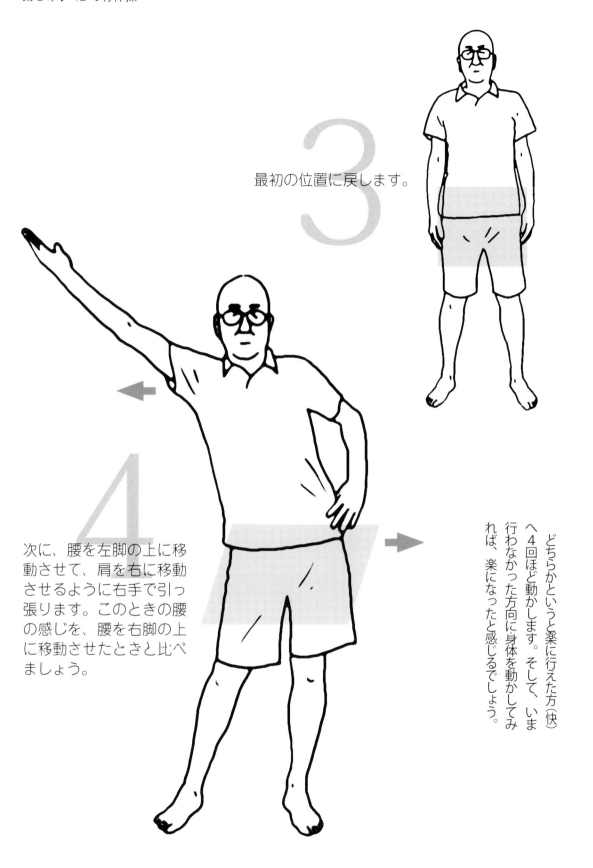

骨体操 3

骨盤の左右方向転換

骨盤を平行四辺形に折りたたむことにより腰の歪みを調整する体操です。ナンバでは本来上半身と下半身をねじらないのですが、西洋式の身体の使い方ではねじるので、そのことにより腰痛も発生します。そのような腰痛を和らげる体操です。

腰にある箱を、頭上から見たときに平行四辺形へ変形させるよう意識しましょう。

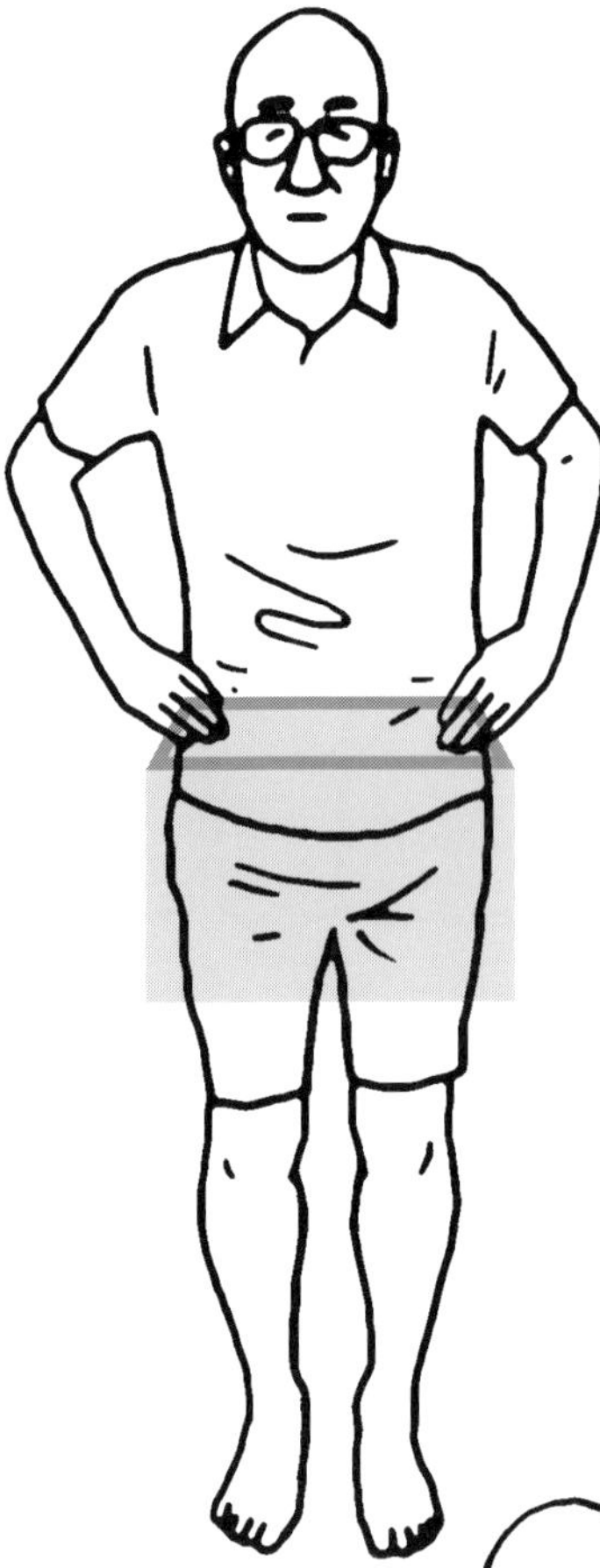

1

脚を少し開いて、膝を曲げて立ちます。

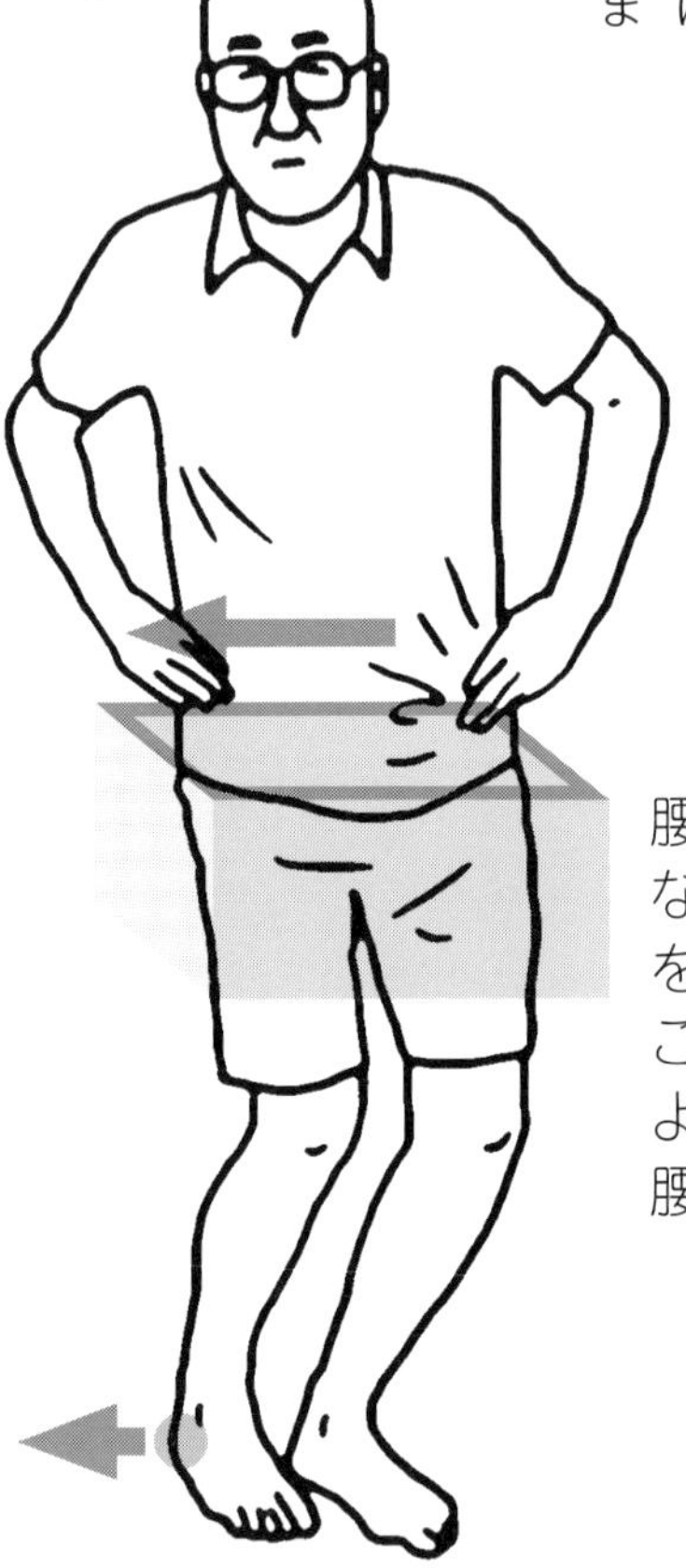

2

腰の前面（へそ側）を動かさないように意識して、かかとを右へ 45 度くらい踏み込む。このとき、右腰が前に出ないよう注意します。このときの腰の感じをとらえます。

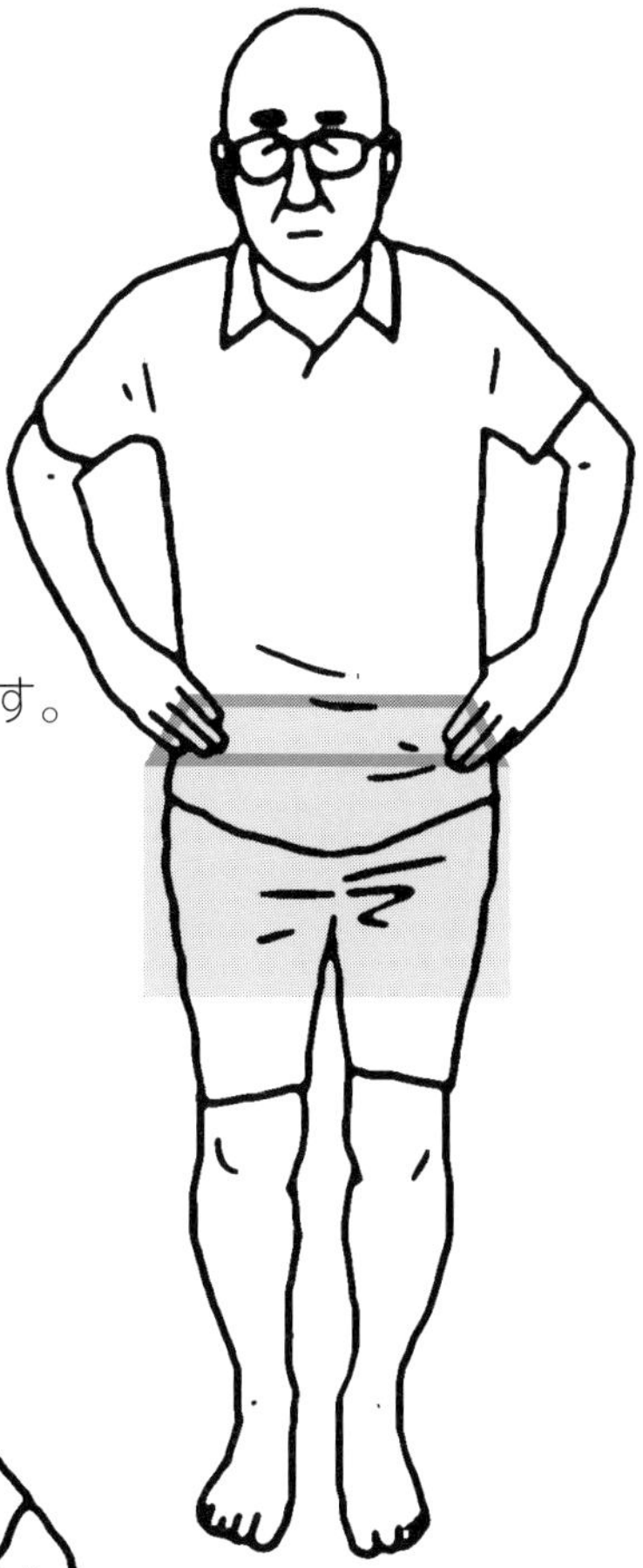

3

かかとを元に戻します。

4

次はかかとを左に 45 度くらい踏み込みます。左腰が前に出ないようにしましょう。このときの感じと、かかとを右に踏み込んだときとを比べます。

気持ちのよい方向（快）にかかとを4回ほど踏み込んで、次に、反対側に動かせば、反対側が楽になっているはずです。

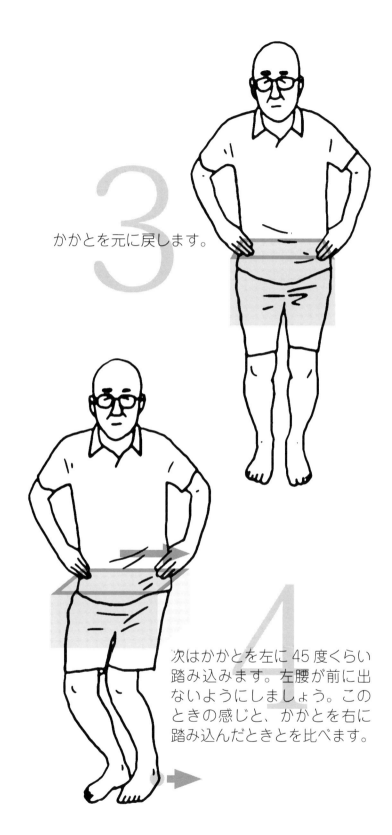

骨体操 4 胸郭の調整

右利きや左利きなどによる胸郭の歪み、荷物を片方に持つ癖による胸郭の歪みなどを矯正する体操です。胸郭は鳥かごのように柔らかい骨で歪みやすいので注意しましょう。そして、まめにこの胸郭の調整体操を行うとよいでしょう。

胸郭の左右差のバランス調整をしていきます。

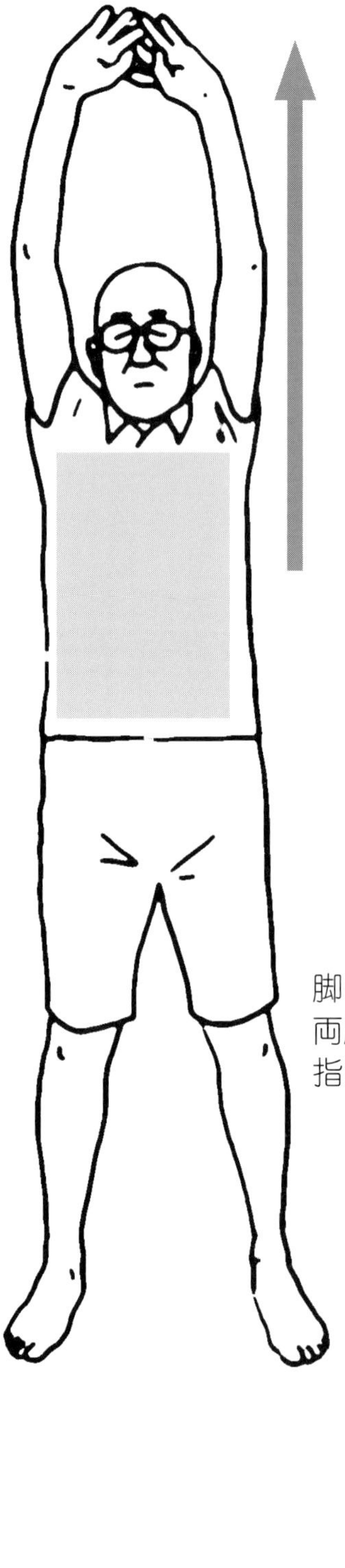

1

脚を軽く開いて立ち、
両腕を軽く上に伸ばし
指を組みます。

2

腰を右に移動、肩を左に移動させ、組んだ手を右上に引き上げます。このときの胸郭の感じをとらえます。

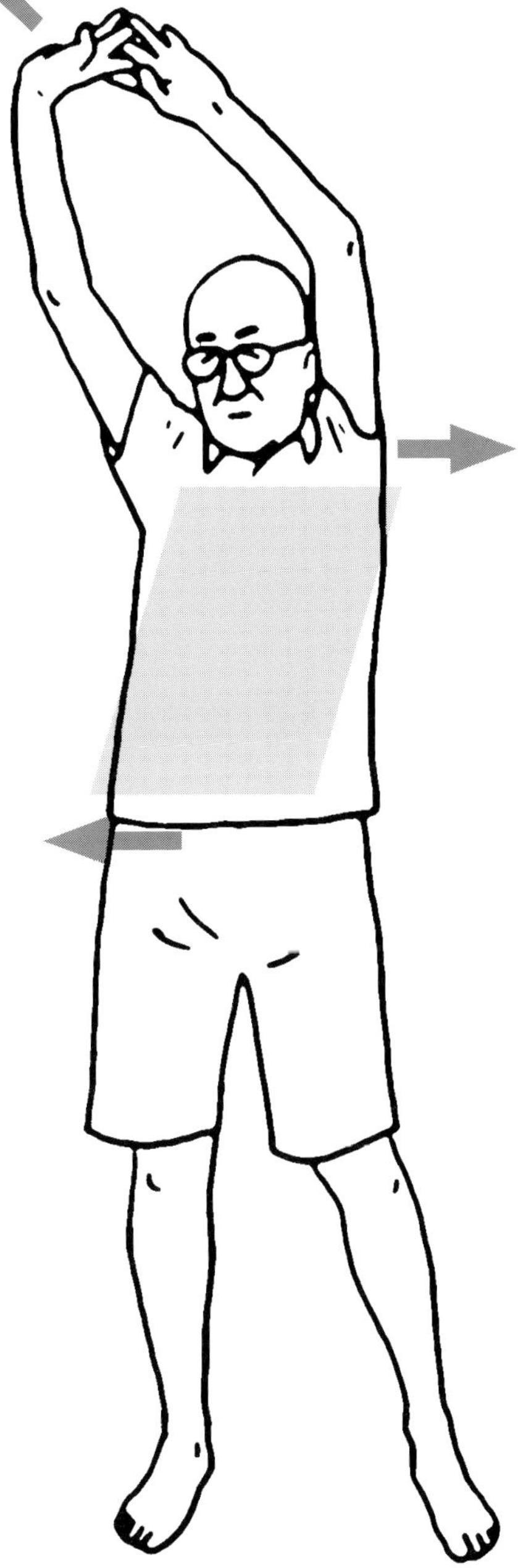

3

次に、腰を左、肩を右に移動、手は左上に引き上げます。このときの胸郭の感じを比べましょう。

快の方向に手を４回ほど引き上げます。

反対側も動かして、感覚が楽になったかどうか確かめましょう。

骨体操 5
胸郭を自然体に近づける

肩こりの原因のひとつが、肩に力を入れて肩が上がっていることです。この体操を行い、肩を上げないような習慣をつけましょう。また、腕も身体につけるのではなく、脇を少し開けて身体から離しておいた方が楽です。

肩と腕の使い方になります。

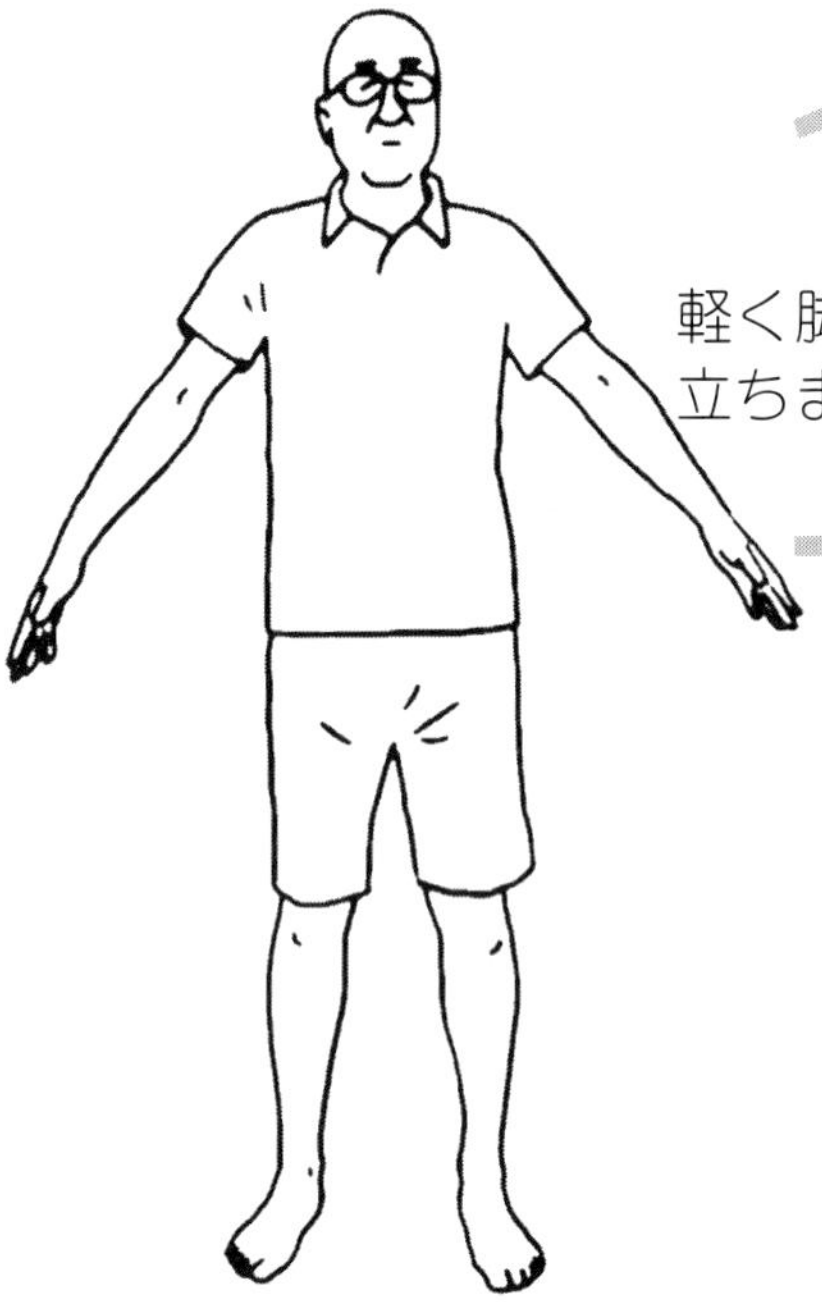

1
軽く脚を開いて
立ちます。

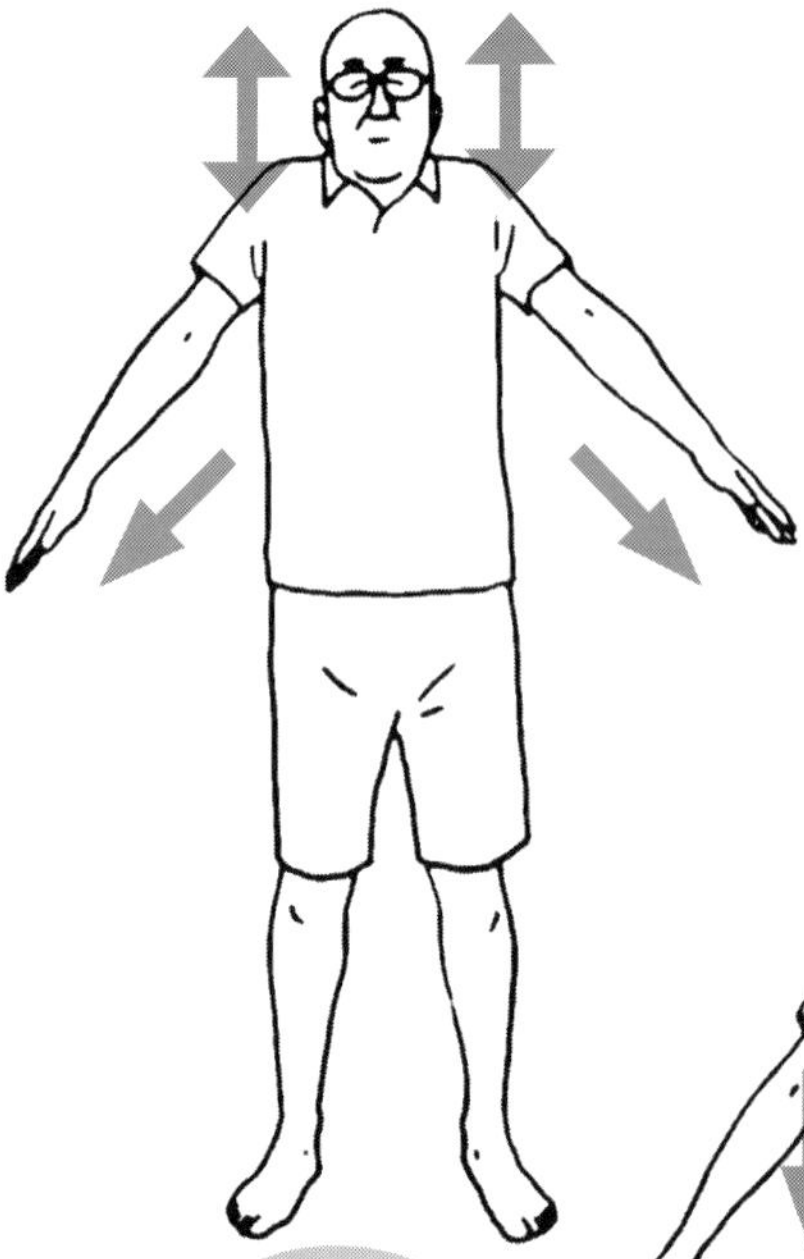

2
腕を身体から少し
離し、肩を上下に
動かします。

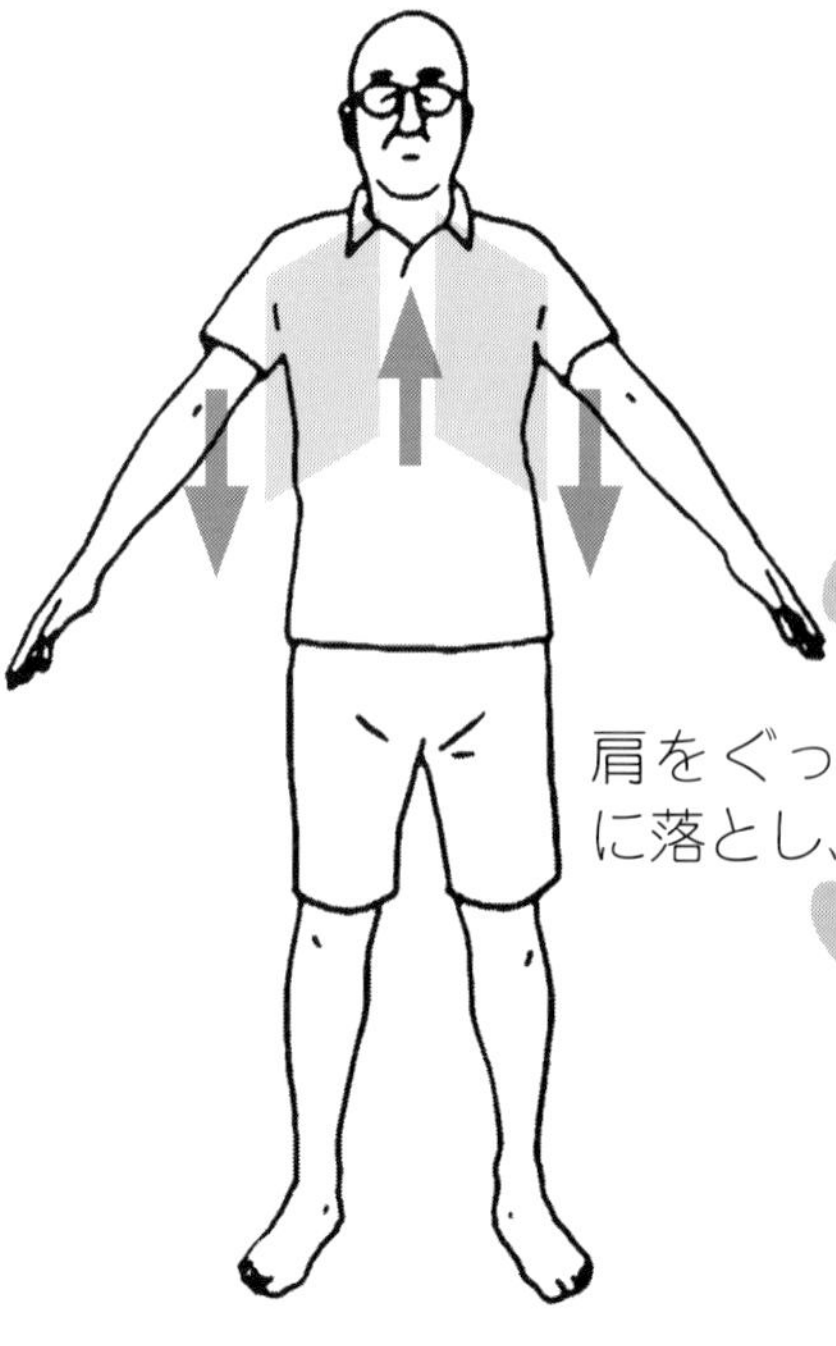

3
肩をぐっと下
に落とし、

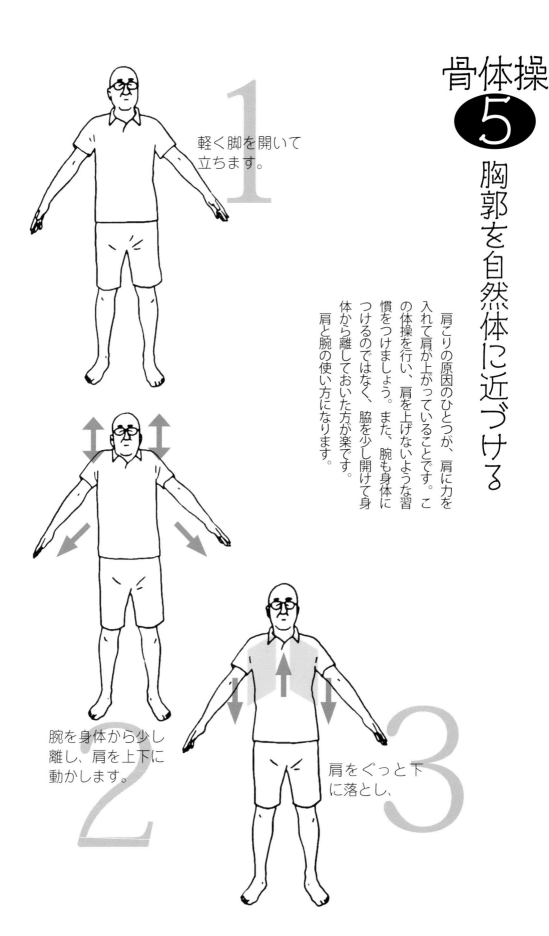

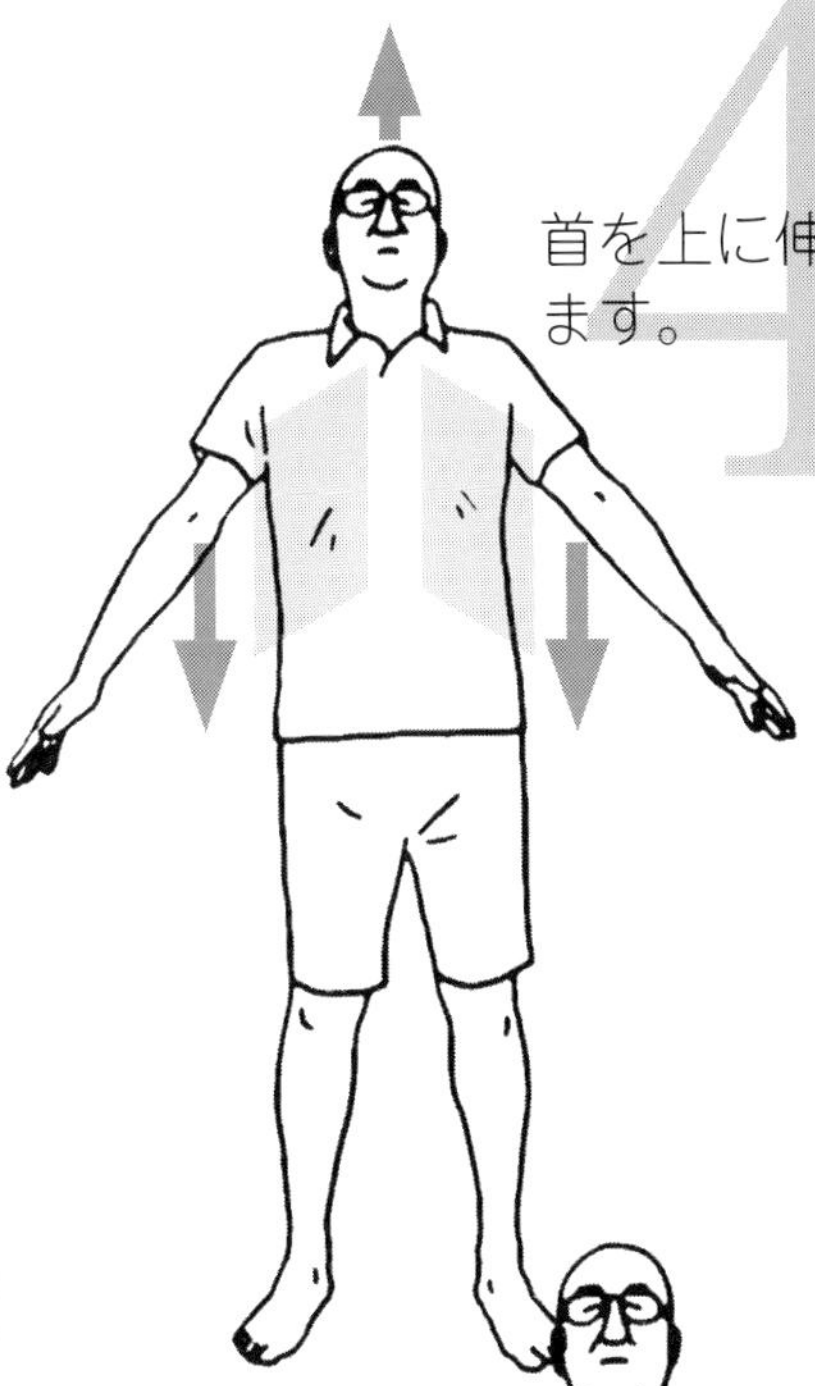

4

首を上に伸ばします。

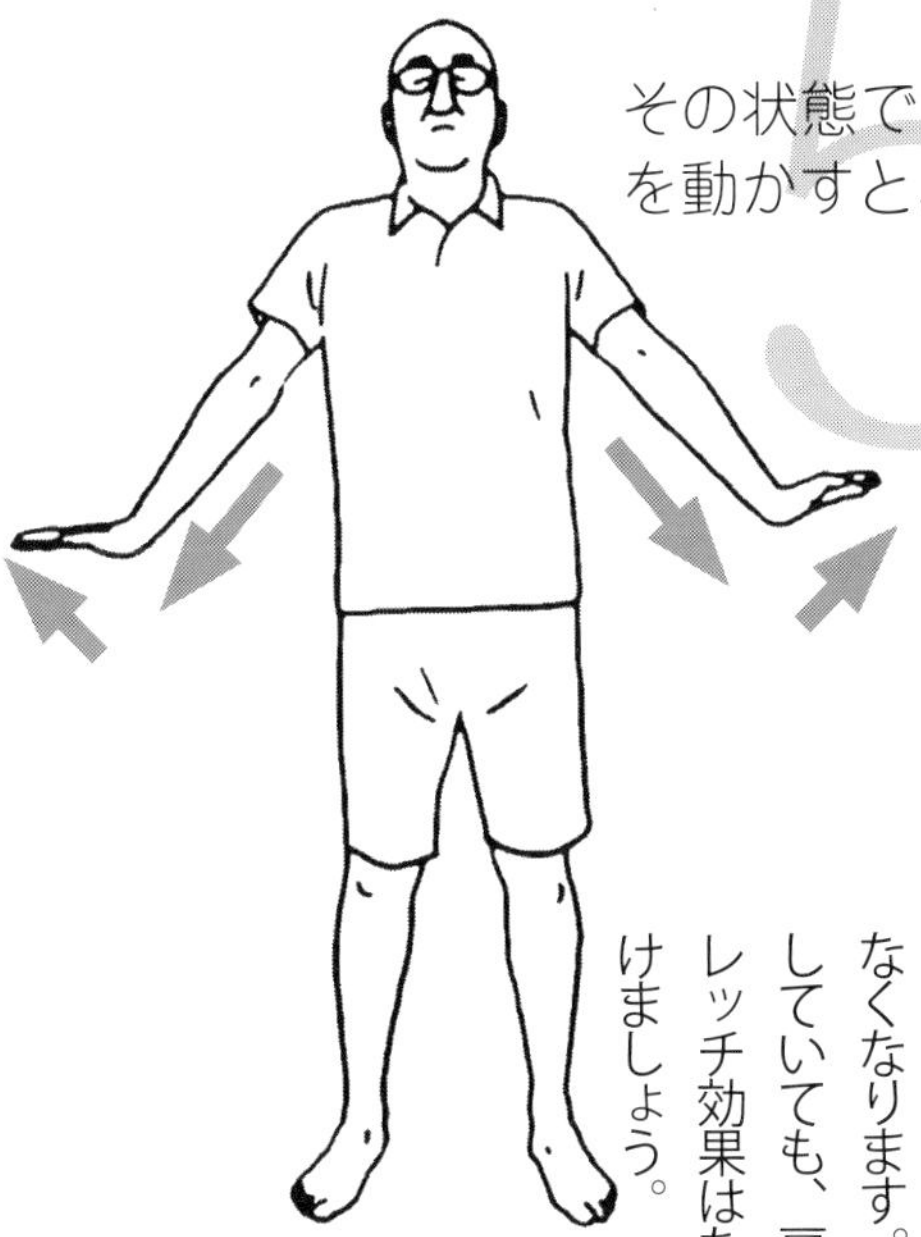

5

その状態で、手首を動かすと、

腕を身体から離し、肩を下げ、首を上に伸ばすという姿勢が大事です。腕を身体に近づけるとストレッチ効果がなくなります。また、腕を身体から離していても、肩が上がっているとストレッチ効果はなくなりますので気をつけましょう。

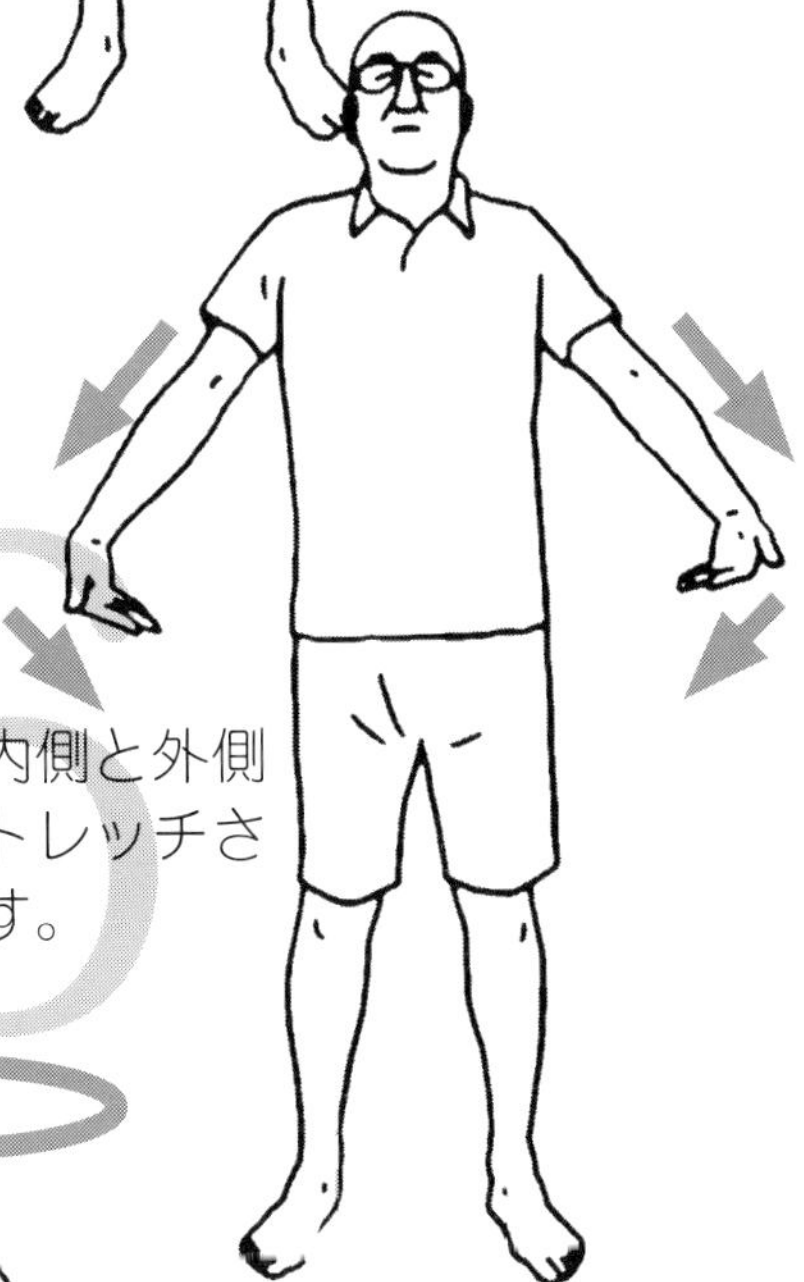

6

腕の内側と外側がストレッチされます。

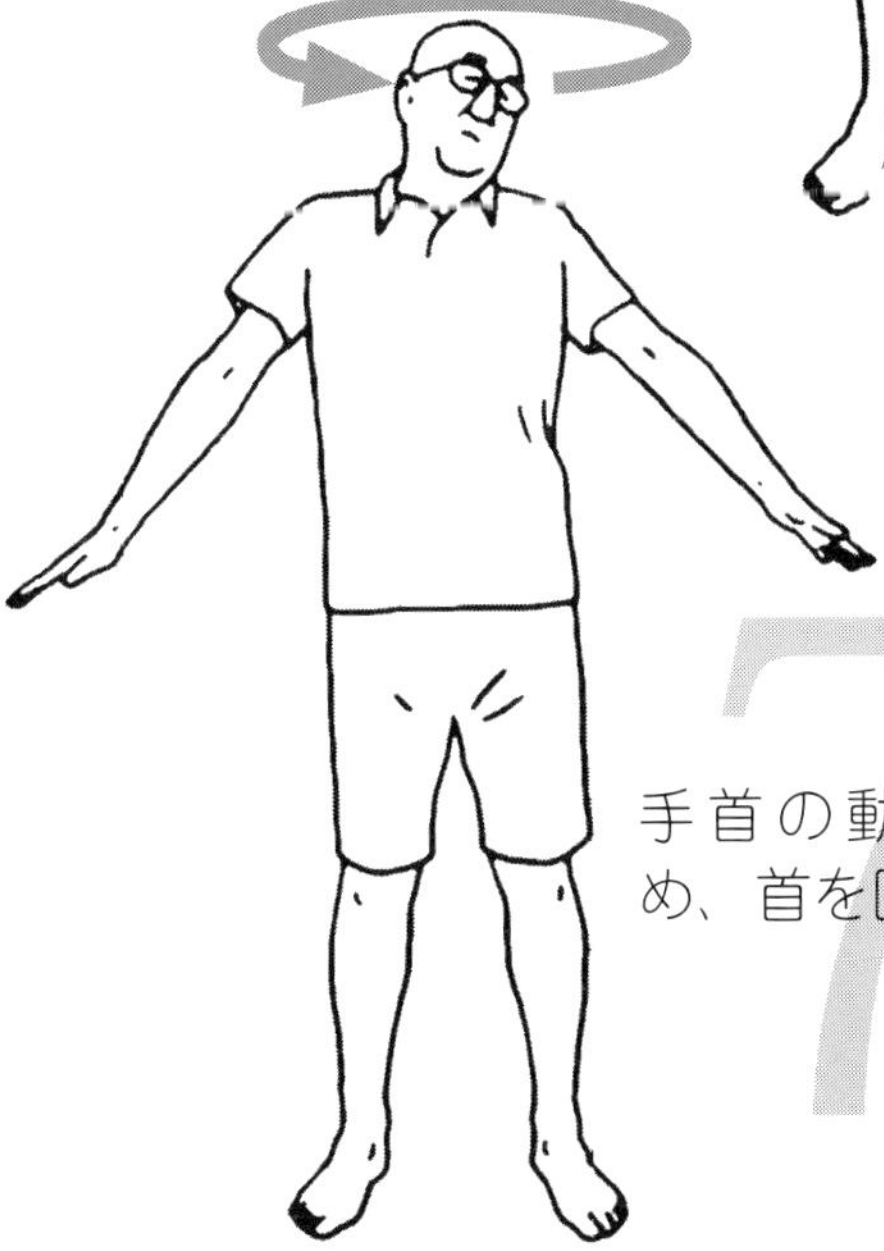

7

手首の動きを止め、首を回すと、

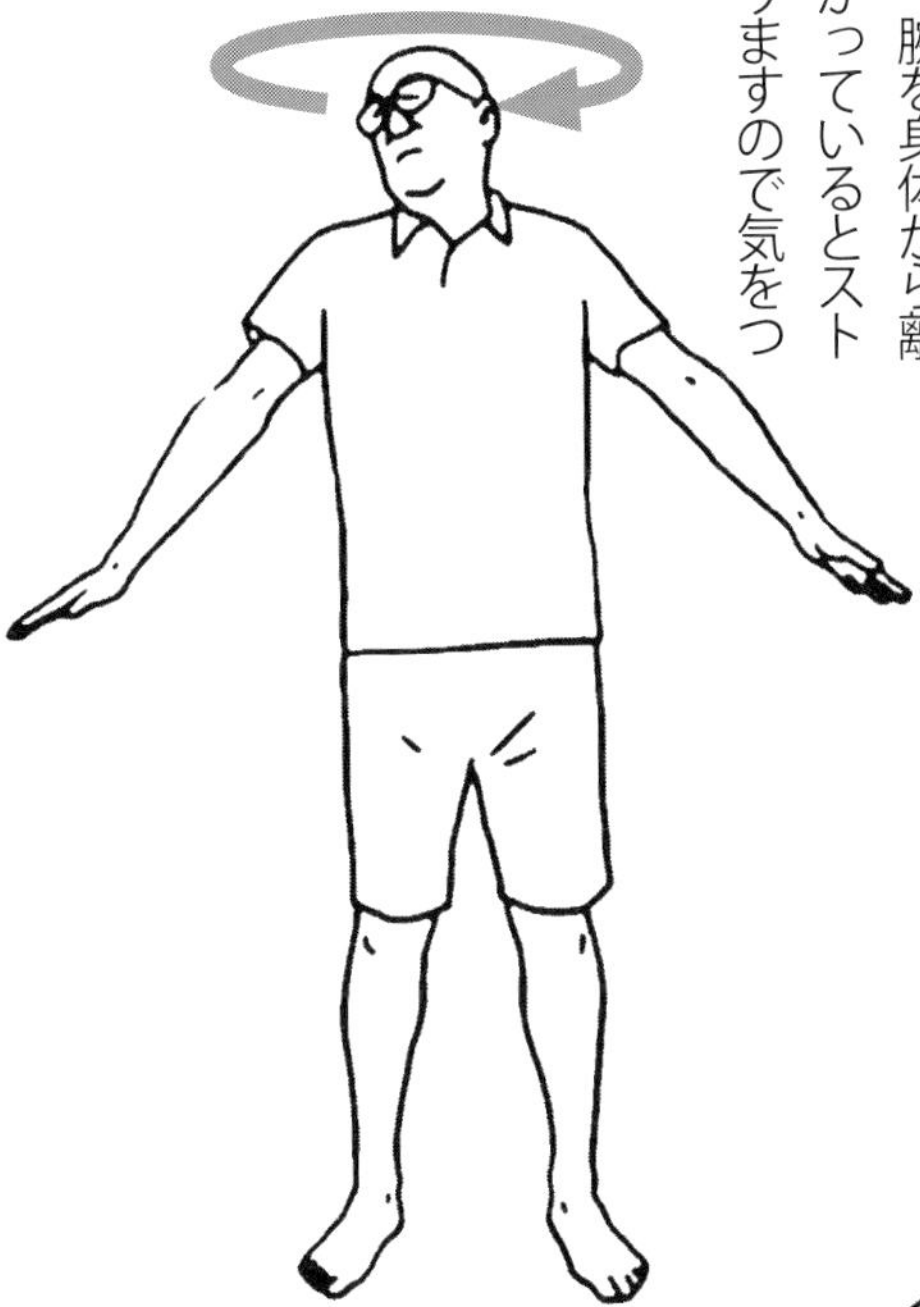

8

腕の伸びている場所が変わっていきます。

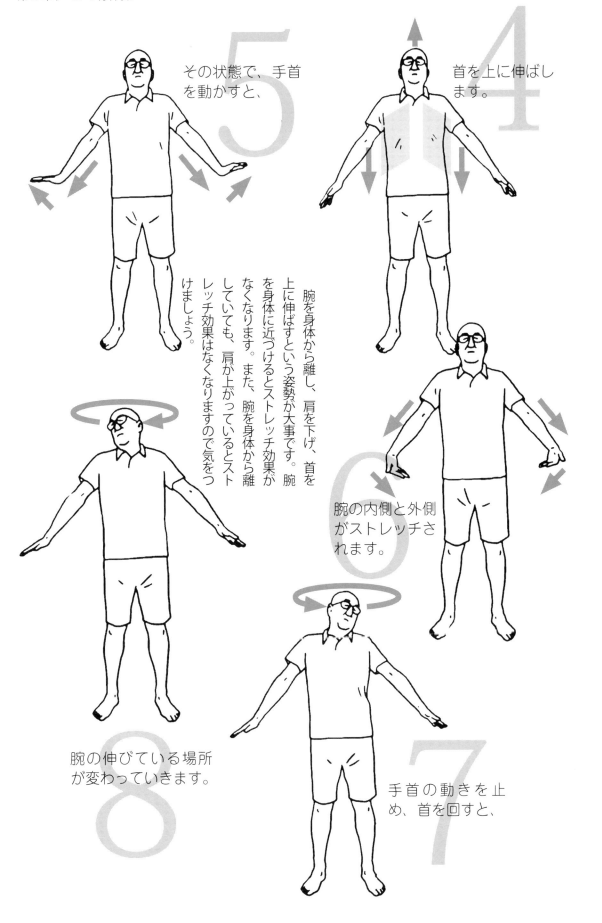

骨体操
6
肩甲骨を開く

腕・指を使う運動は、すべて肩甲骨からという意識を持って動かしましょう。肩甲骨を動かすことで、肩こりや首痛からの解放にもつながります。肩甲骨を開いて動かすというイメージです。

1

軽く脚を開いて立ち、膝を曲げます。胸を奥に押し込むようにして肩甲骨を開いていきましょう。

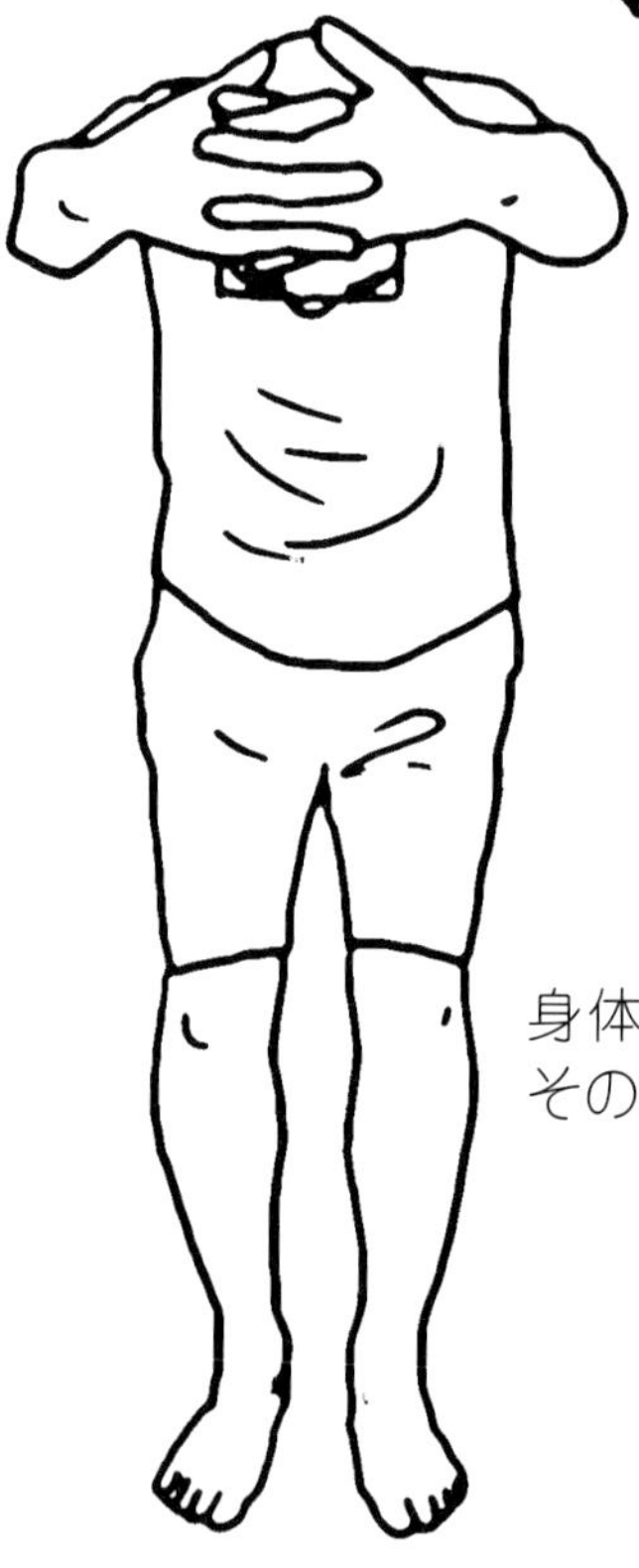

2

身体の前で手指を組み、その中に頭を入れます。

3

腕を上下に動かしましょう。

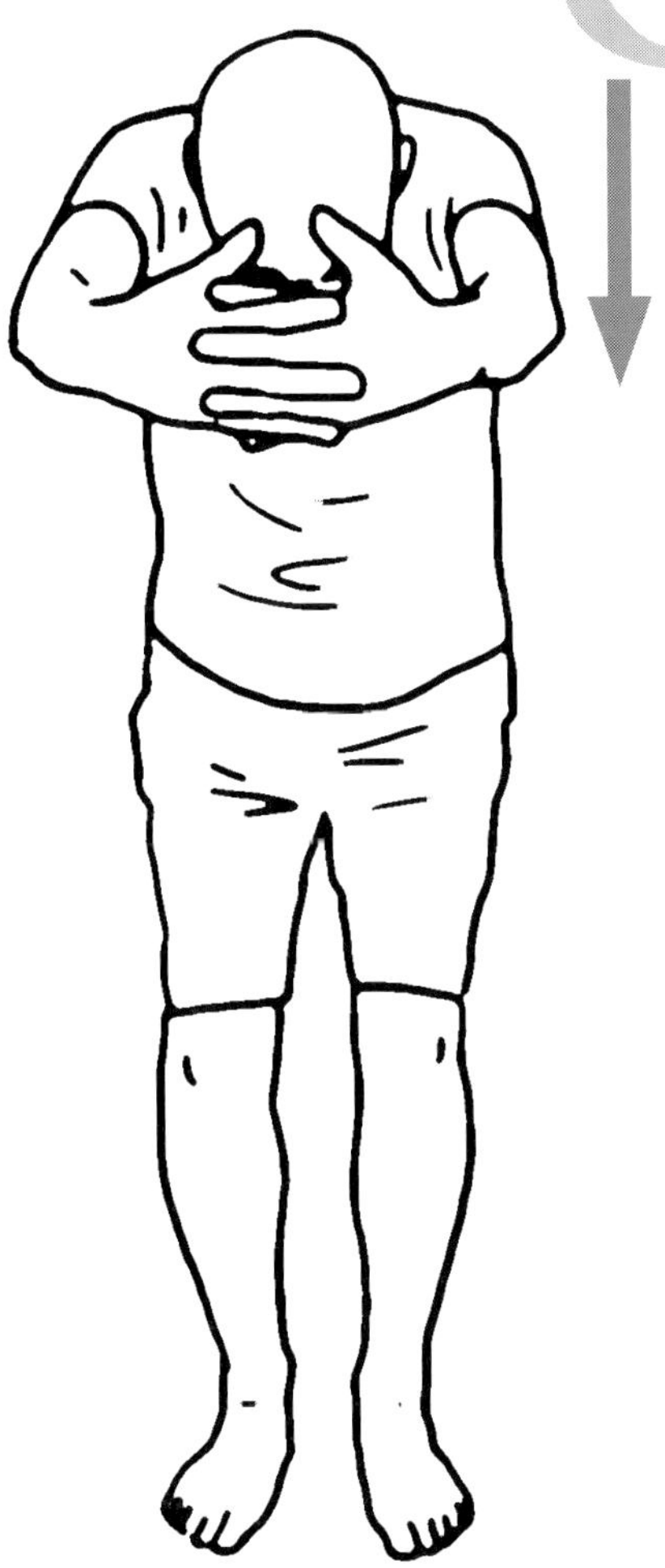

腕を上下に動かすことで、開いた肩甲骨も動きます。「気持ちがよい」程度にして、やりすぎないようにしましょう。

骨体操7
胸を横・縦に開く

肩甲骨を閉じると胸郭が横に開かれ、顎を上げると胸郭が縦に開かれます。普段は、下を向いて、緊張して首のつけ根が強ばっているので、この体操で伸び伸びと胸郭を広げましょう。

　肩甲骨を閉じ、胸を横縦に開いていきます。

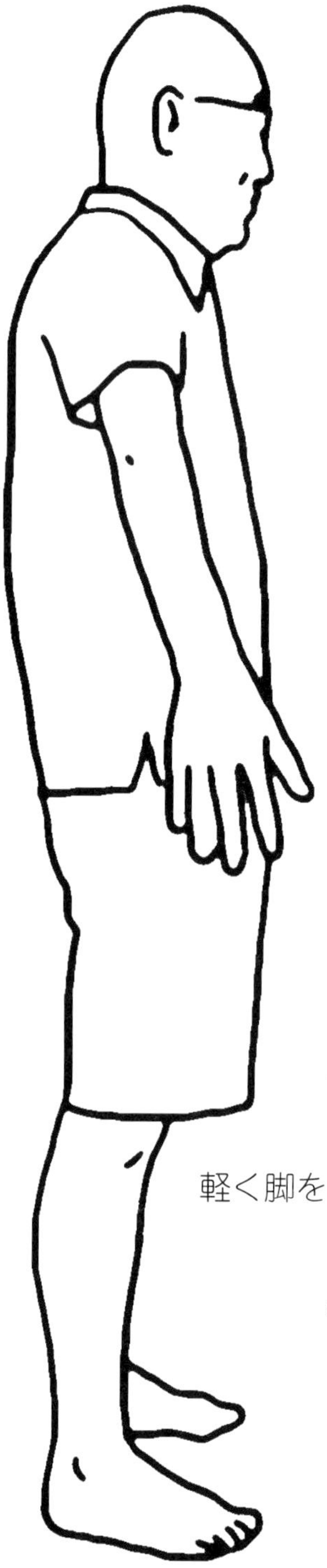

1

軽く脚を開いて立ちます。

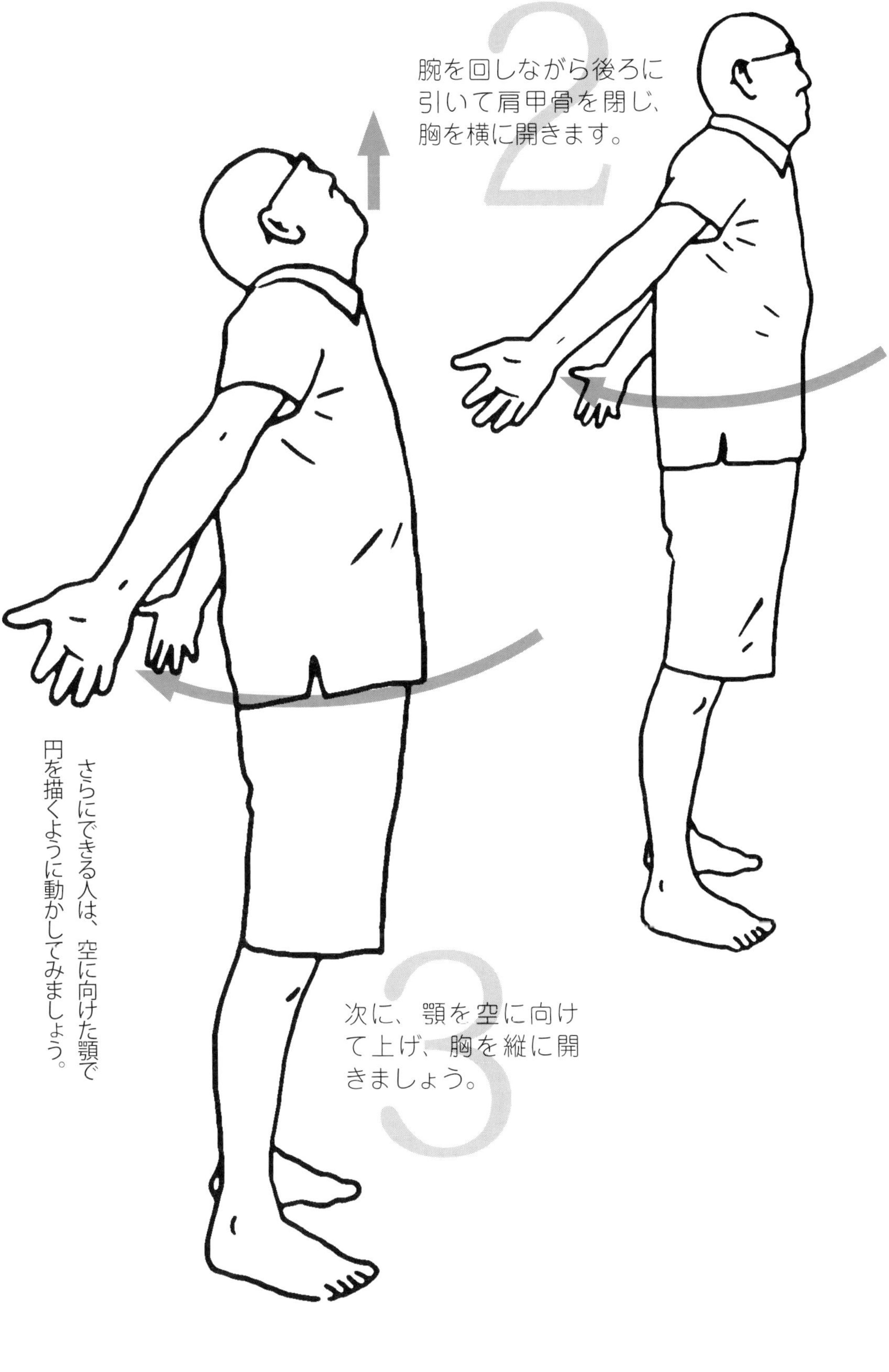
2
腕を回しながら後ろに
引いて肩甲骨を閉じ、
胸を横に開きます。
3
次に、顎を空に向け
て上げ、胸を縦に開
きましょう。
さらにできる人は、空に向けた顎で
円を描くように動かしてみましょう。

骨体操 8 卍（まんじ）

日常生活のさまざまな動きの癖で、胸郭にも左右差が生じてきます。その胸郭の左右差を矯正する体操です。卍（まんじ）に腕、肩甲骨を動かします。

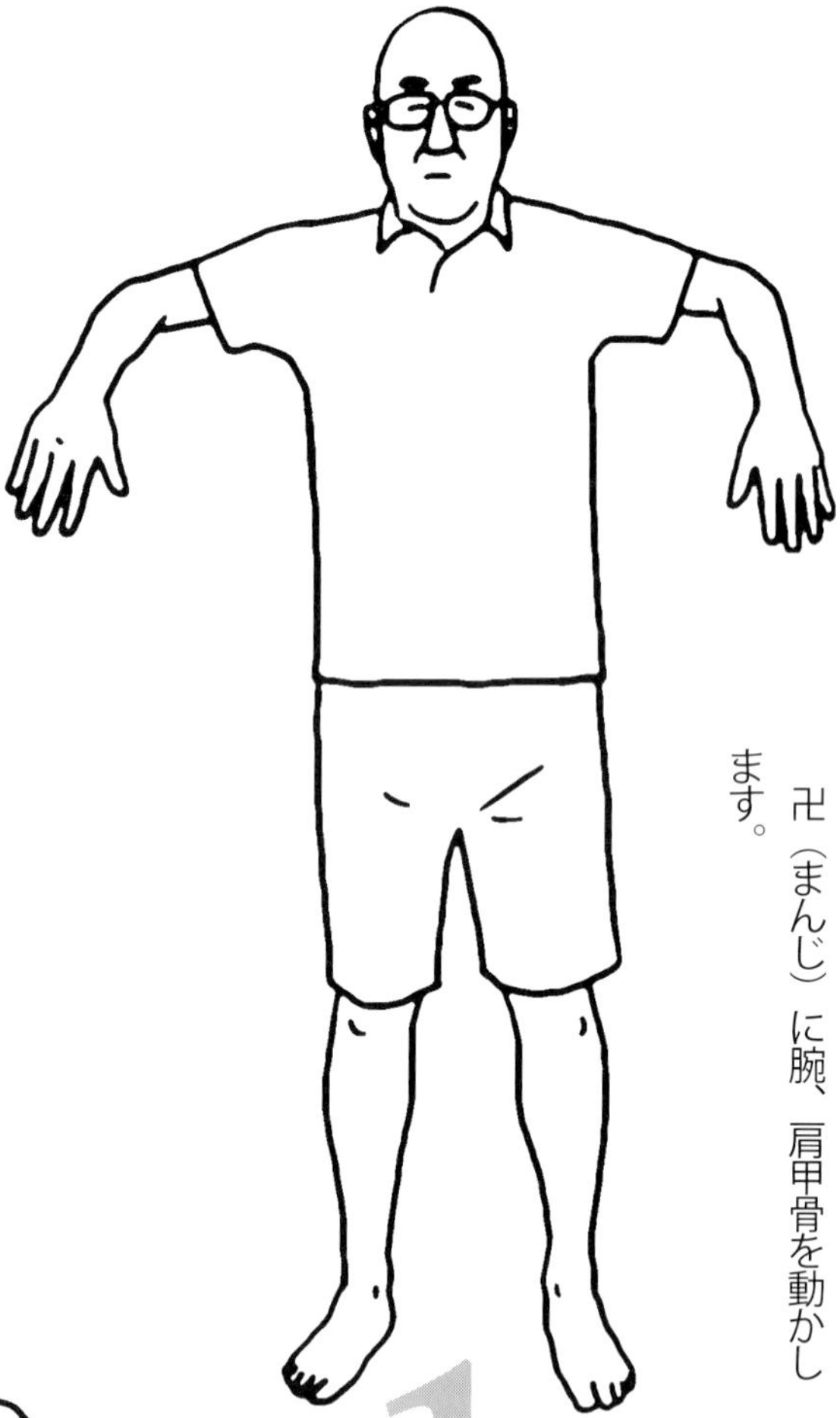

1
腕を肩の高さに上げて肘を曲げ、手の甲が前を向くようにします。

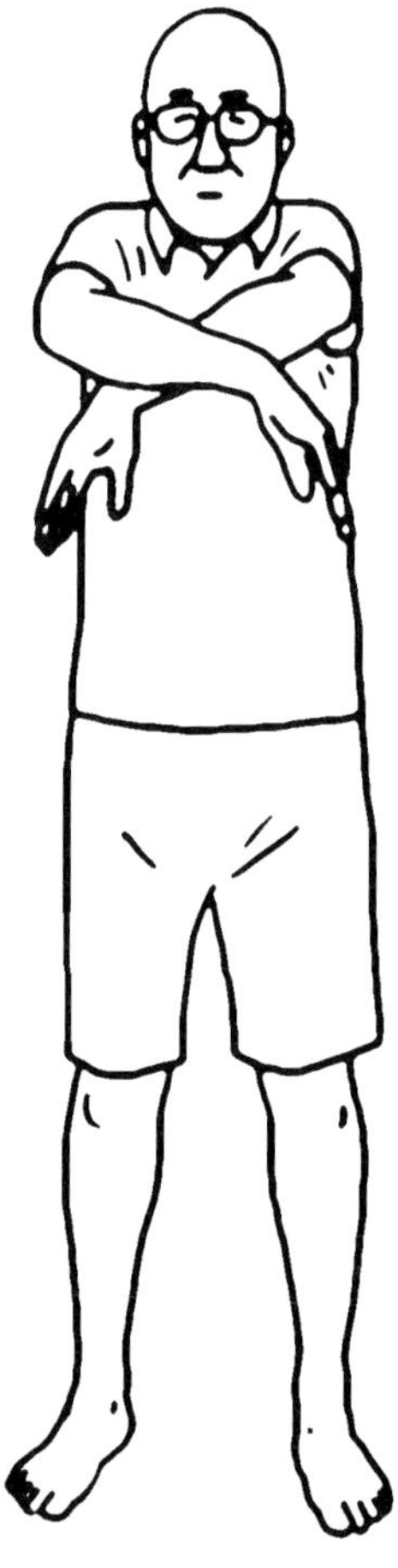

2
肘で曲げた腕を身体の前にもってきて交差させてから、

3

右手を上に上げます。このときの胸の感覚と、

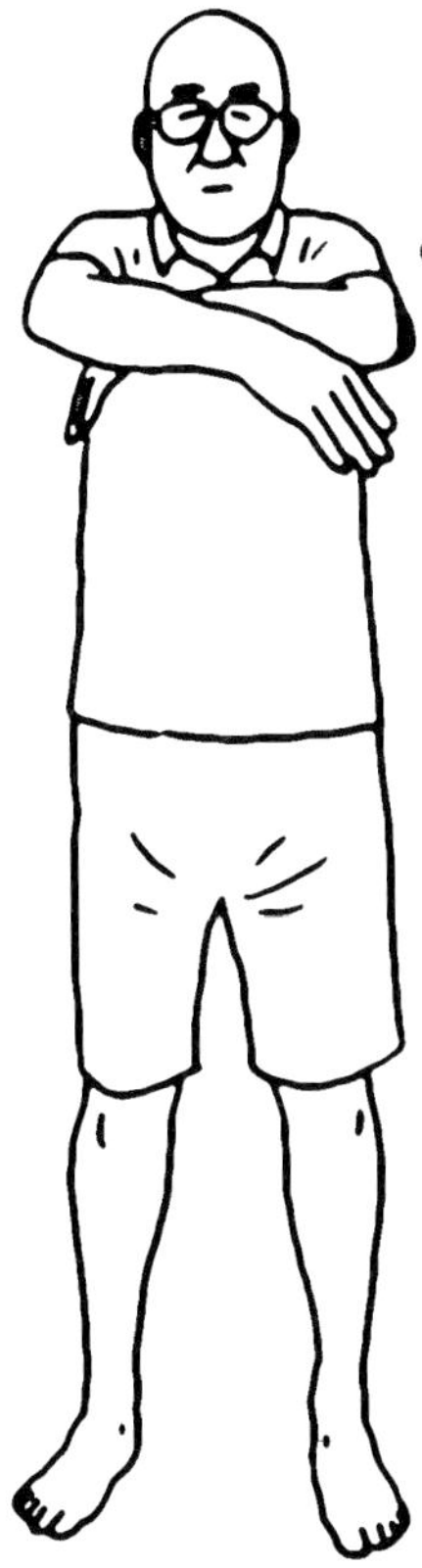

4

もう一度身体の前で腕を交差させてから、

5

左手を上に上げたときの感覚を比べてみましょう。

気持ちのよい方向に4回ほど動かします。次に、逆の方向に動かして、感覚が楽になったか確かめましょう。

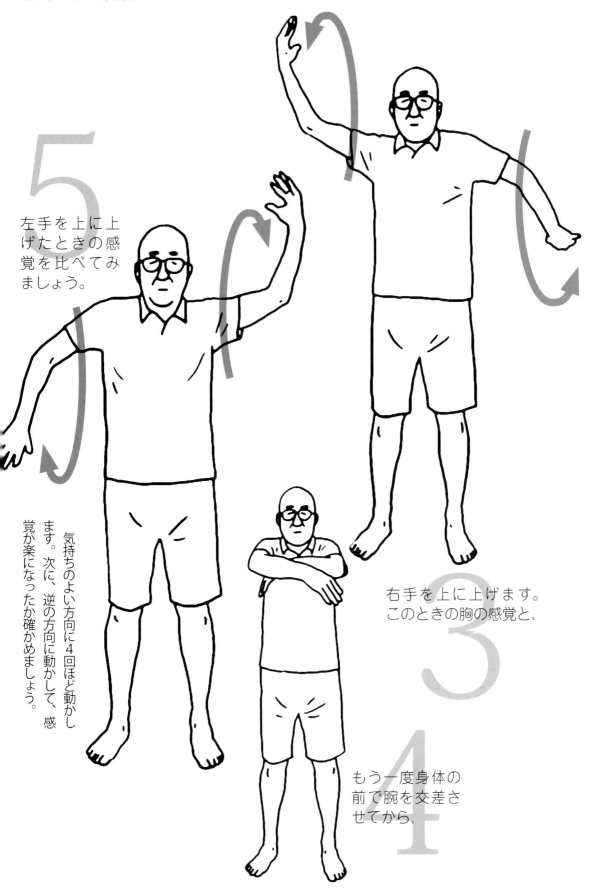

骨体操 9 股関節への刺激

股関節は、可動域の大きい関節ですが、日常生活では意外と動かさないところです。歩いたりする場合の準備運動は、この股関節を動かす体操だけでも十分です。スポーツなどの動きは、この股関節の動きが非常に重要になってきます。

股関節への刺激を与えていきましょう。

1

脚を軽く開いて、
膝を伸ばしたまま
腰を水平に回して
も股関節は何とも
ありません。

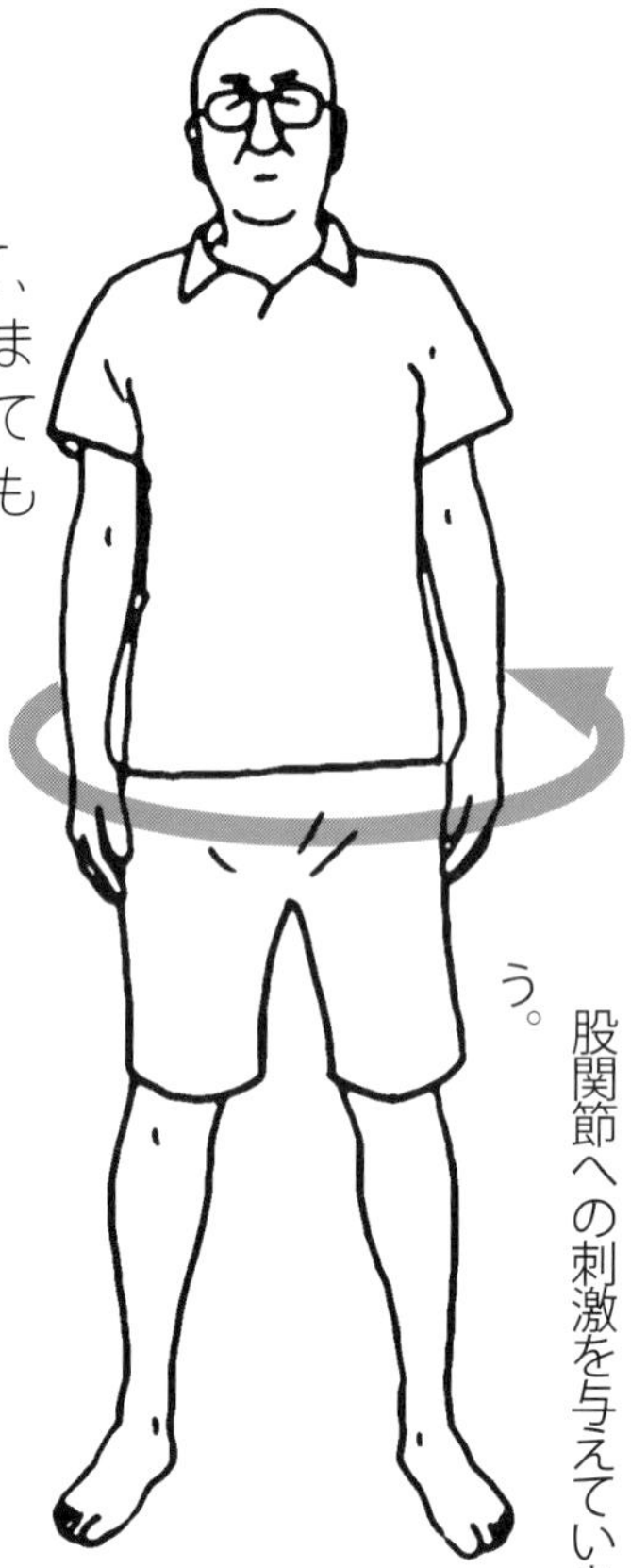

2

しかし、脚を広く開いて、

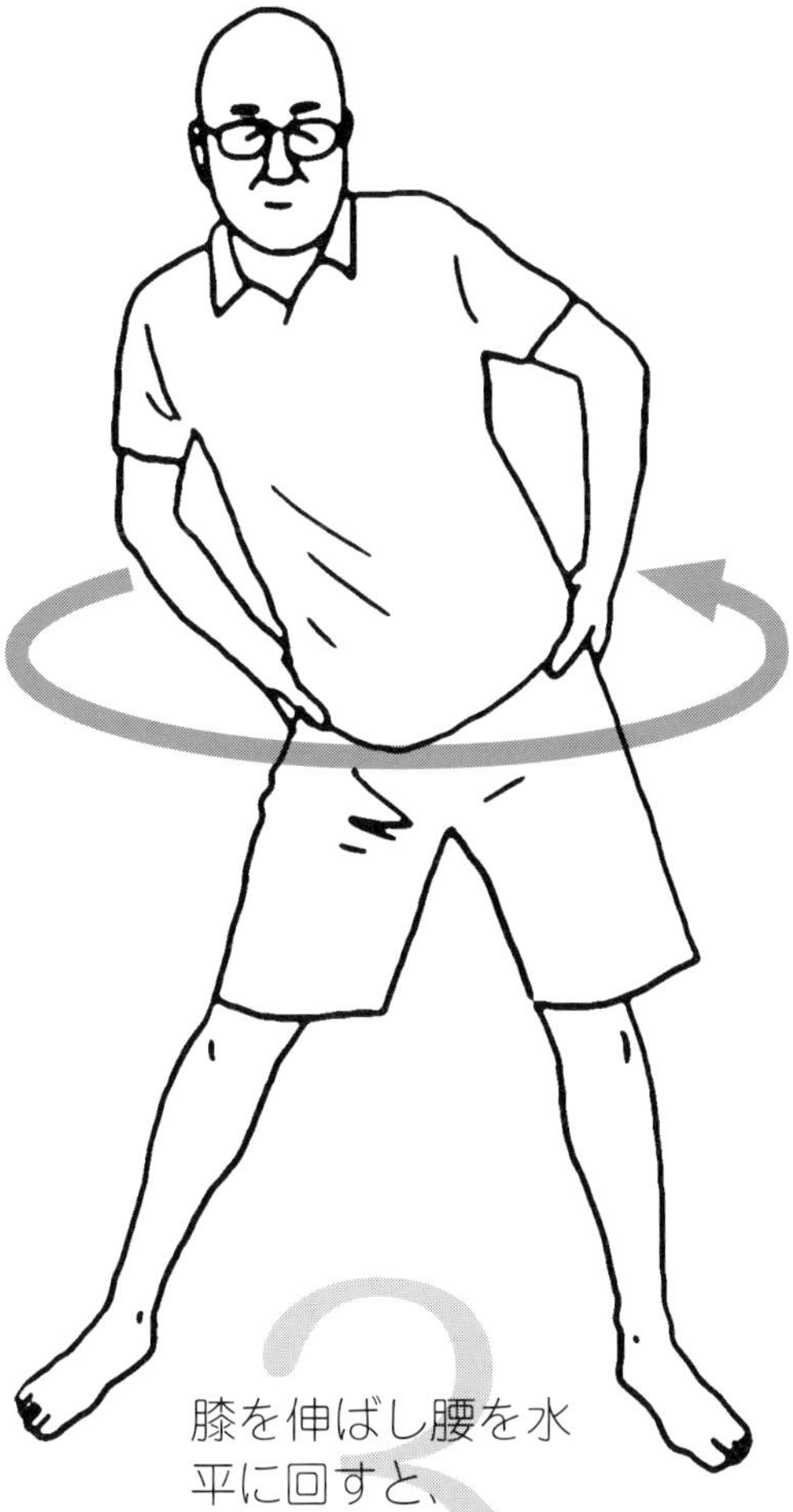

3

膝を伸ばし腰を水平に回すと、

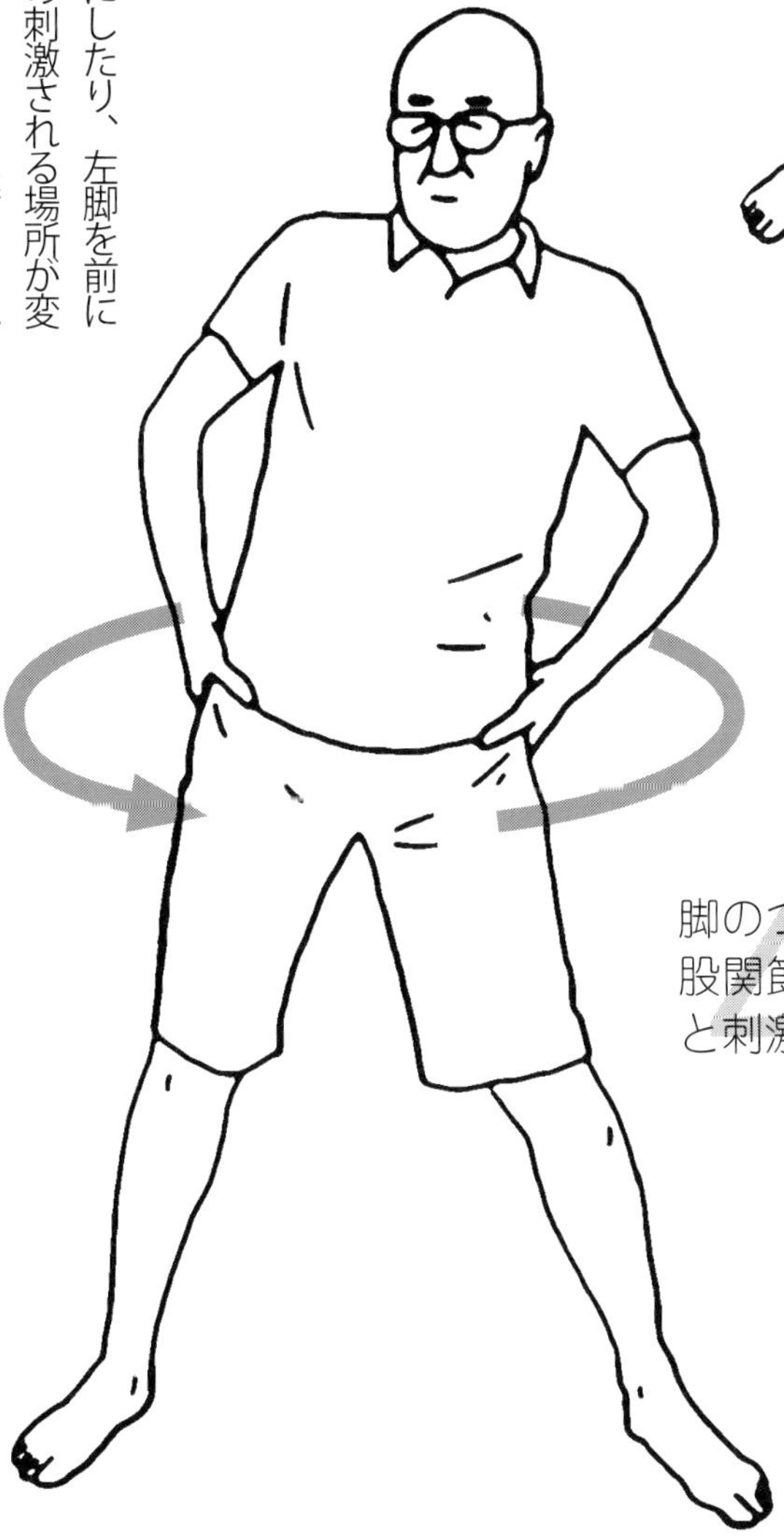

4

脚のつけ根である股関節がグリグリと刺激されます。

少し右脚を前にしたり、左脚を前にすれば、股関節の刺激される場所が変わります。股関節を動かす準備はこれで十分です。

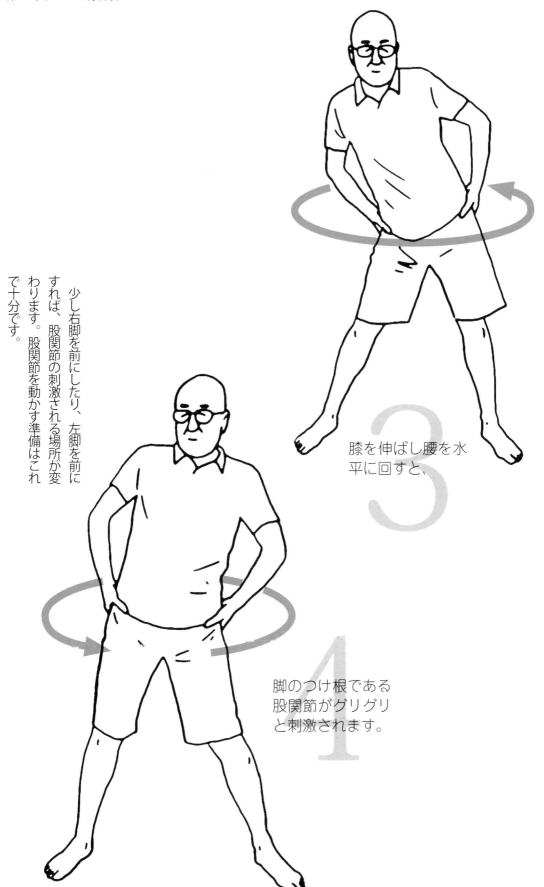

骨体操 10

膝・足首のバランス調整

歩いたり走ったりするだけでなく、脚を使うときに、足先の向きと膝の向きが同じ方向を向いていればねじれていませんが、違う方向を向いている場合はねじれているということになります。そして、足先と膝がねじれていると、足首や膝の痛みとして表れてきます。その足首・膝のねじれを矯正する体操です。

1

屈伸の体勢をとります。

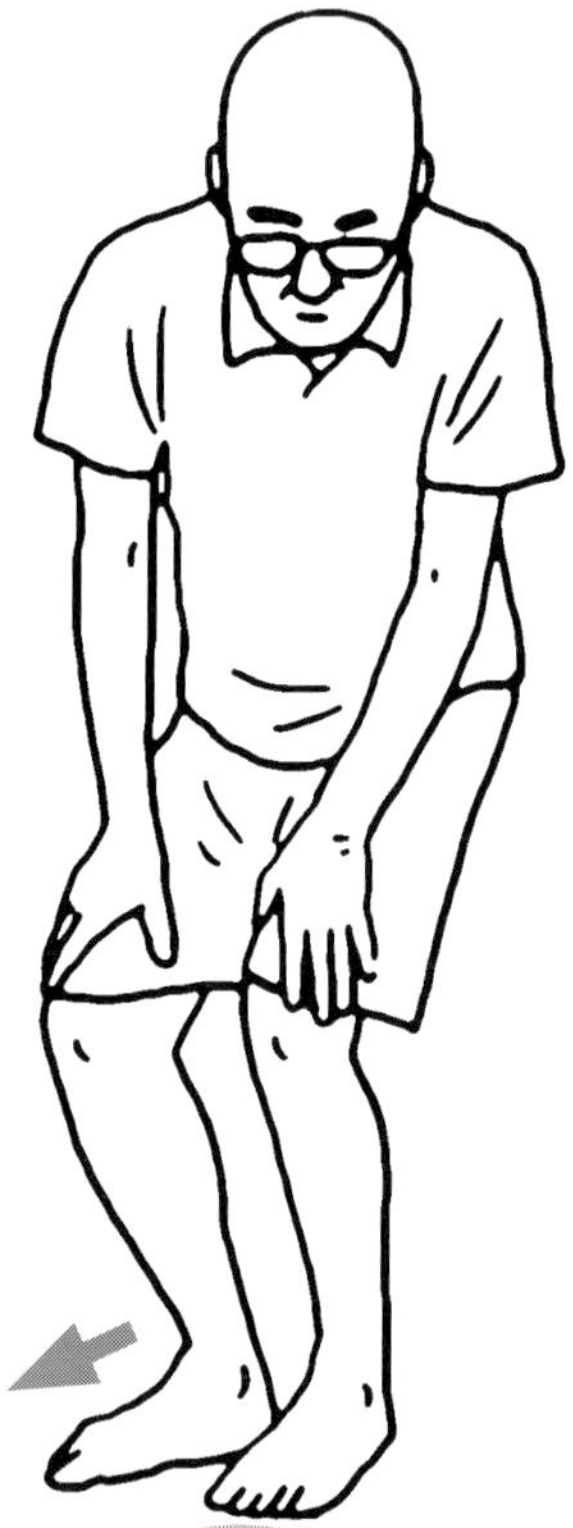

2

身体は正面を向けたまま、足先と膝を右 45 度に向けます。

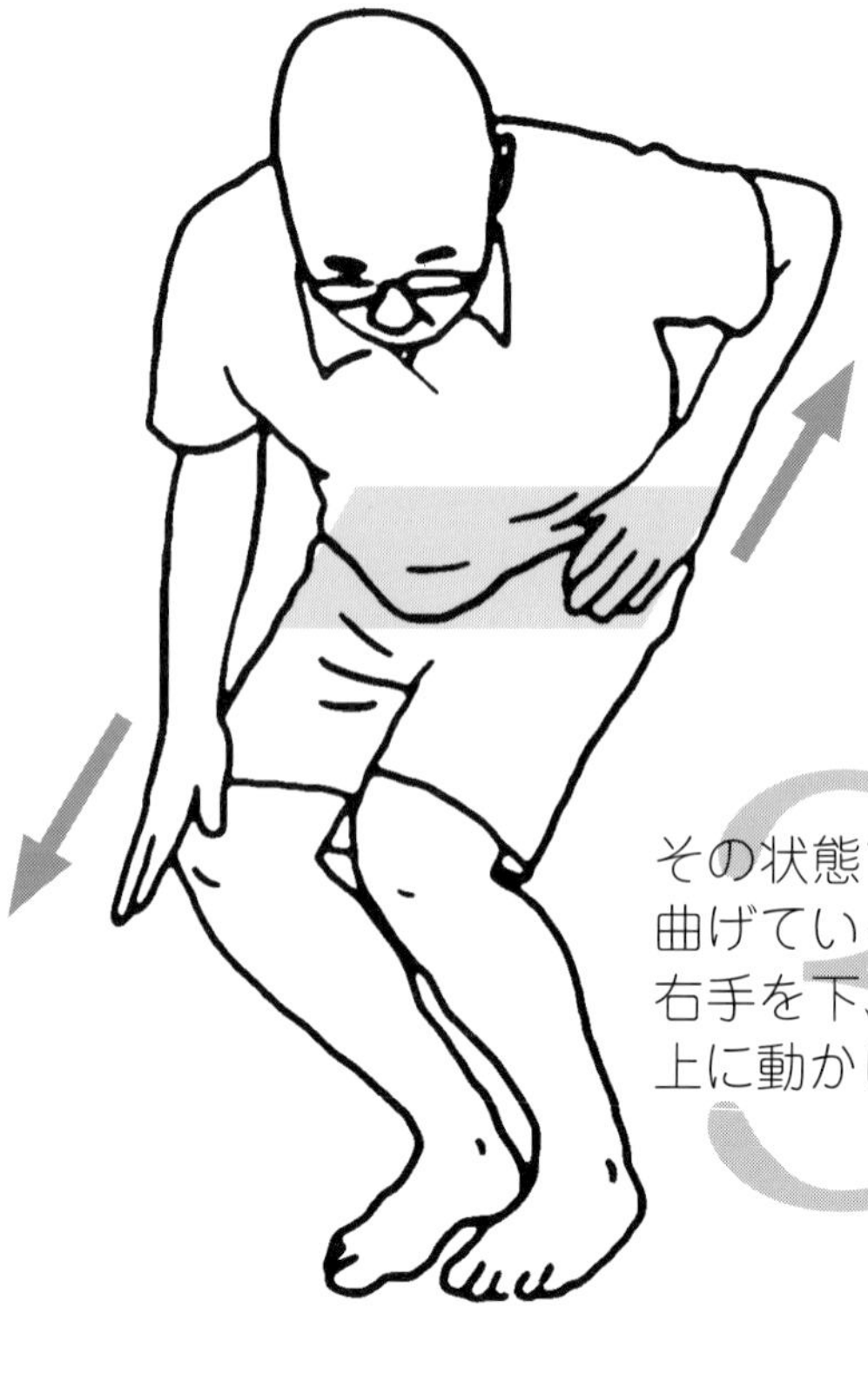

3

その状態で、膝を曲げていくときに右手を下、左手を上に動かします。

4

膝を伸ばすときには、右手を上、左手を下に戻します。このときの膝と足首の感覚をとらえます。

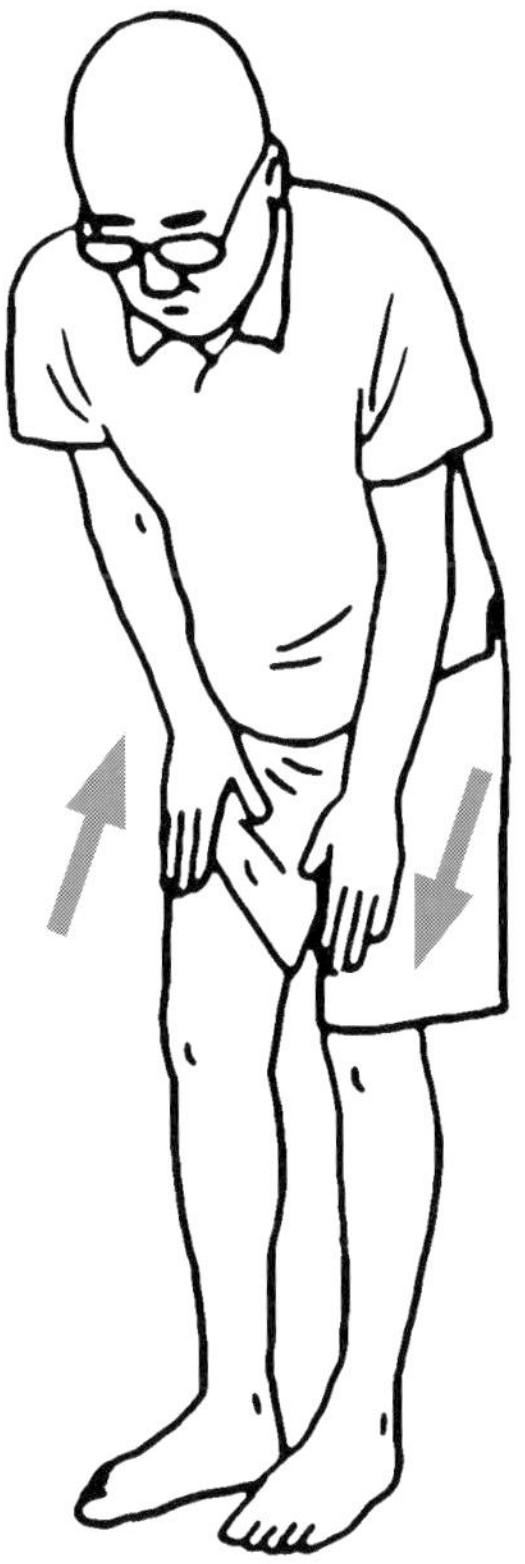

5

最初の位置に戻ります。

6

次は、身体を正面に向けたまま、足先と膝を左 45 度に向けます。

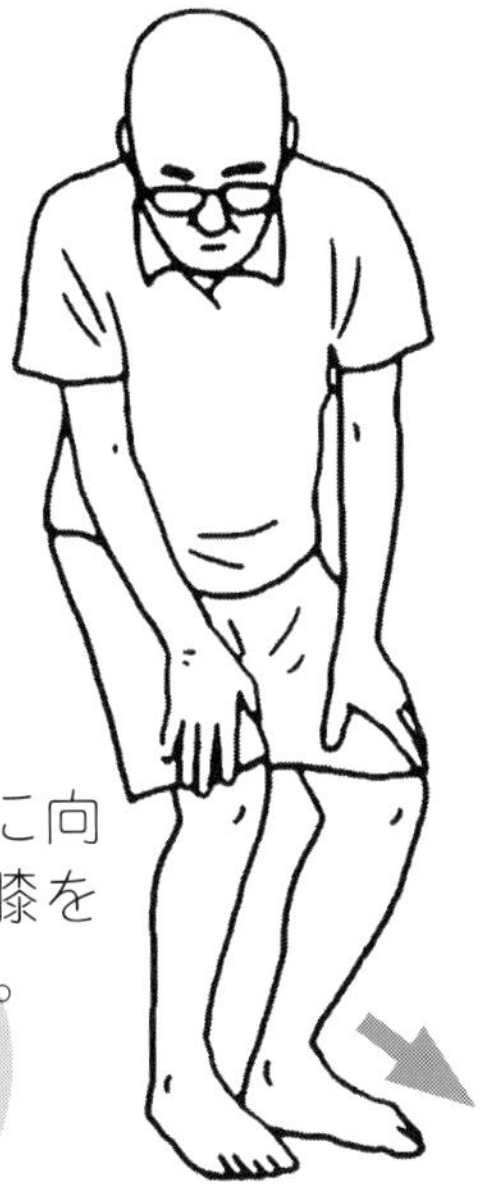

7

その状態で、膝を曲げていくときに左手を下、右手を上に動かし、

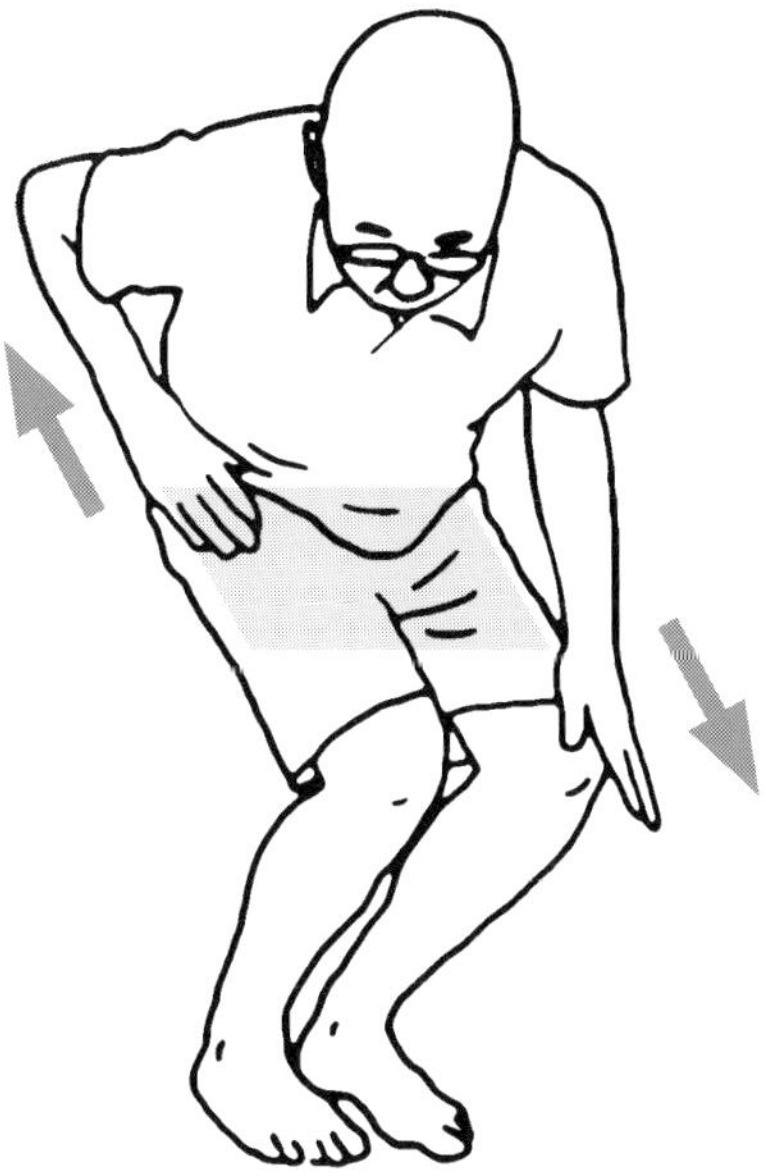

8

膝を伸ばすときには、左手を上、右手を下に動かします。このときの感覚を比べましょう。

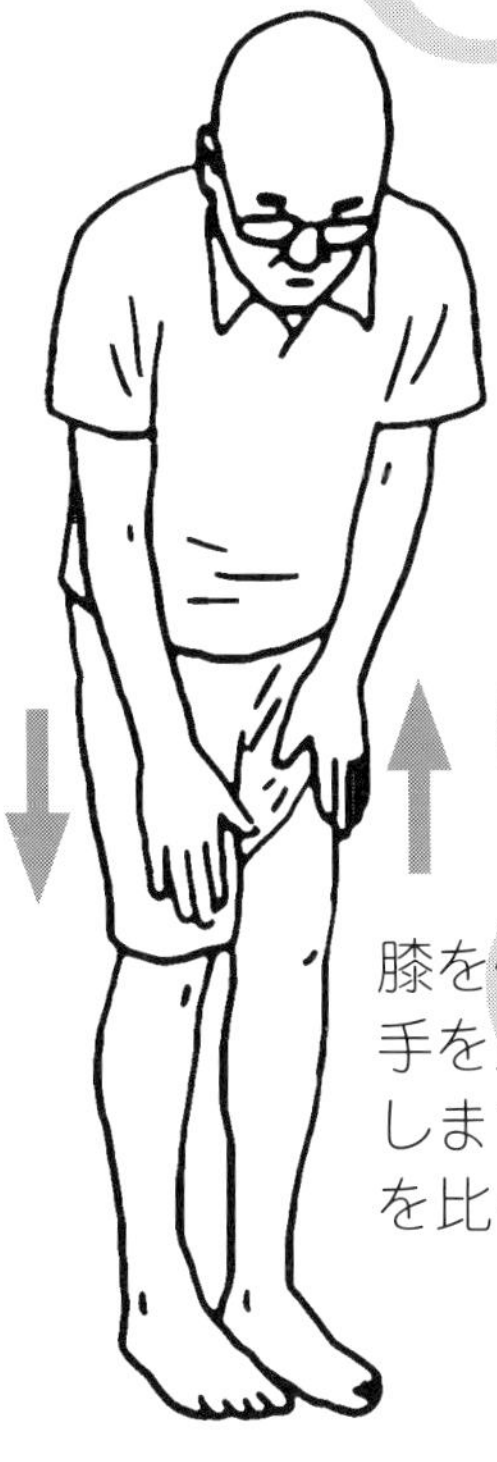

楽な方に4回ほど屈伸を行います。続いて反対側を屈伸して、膝と足首が楽になったかを確かめましょう。

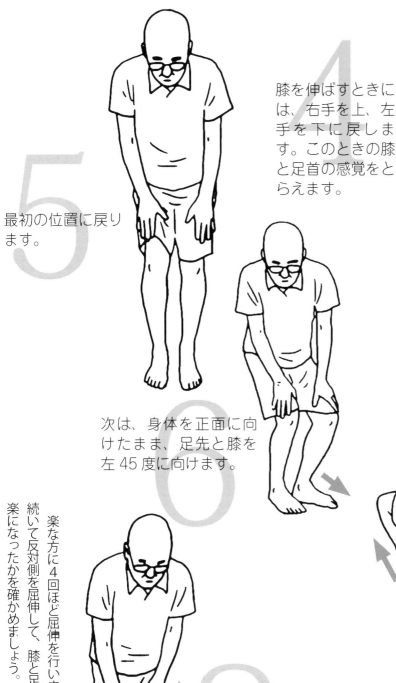

骨体操 11 足裏のバランス調整

足裏には、土踏まずのアーチ、小指側のアーチ、土踏まずと小指側を橋渡しするアーチの3つのアーチがあります。その3つのアーチのバランスをとる体操です。このバランスが崩れていると、重心が内側や外側にかかりすぎて、さまざまな障害を引き起こします。

1

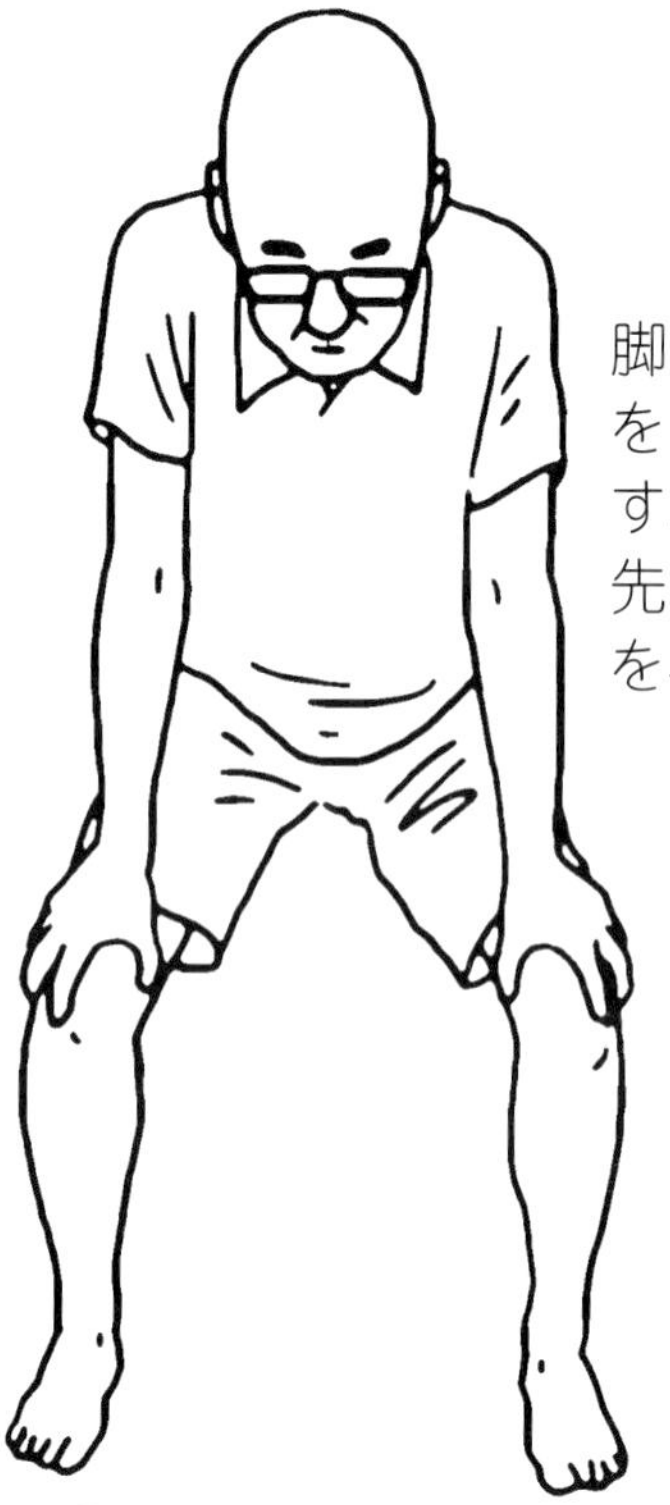

脚を少し広く開き、膝を曲げ膝に手をつきます。大事なことは、足先を開かないこと。足を平行にしましょう。

2

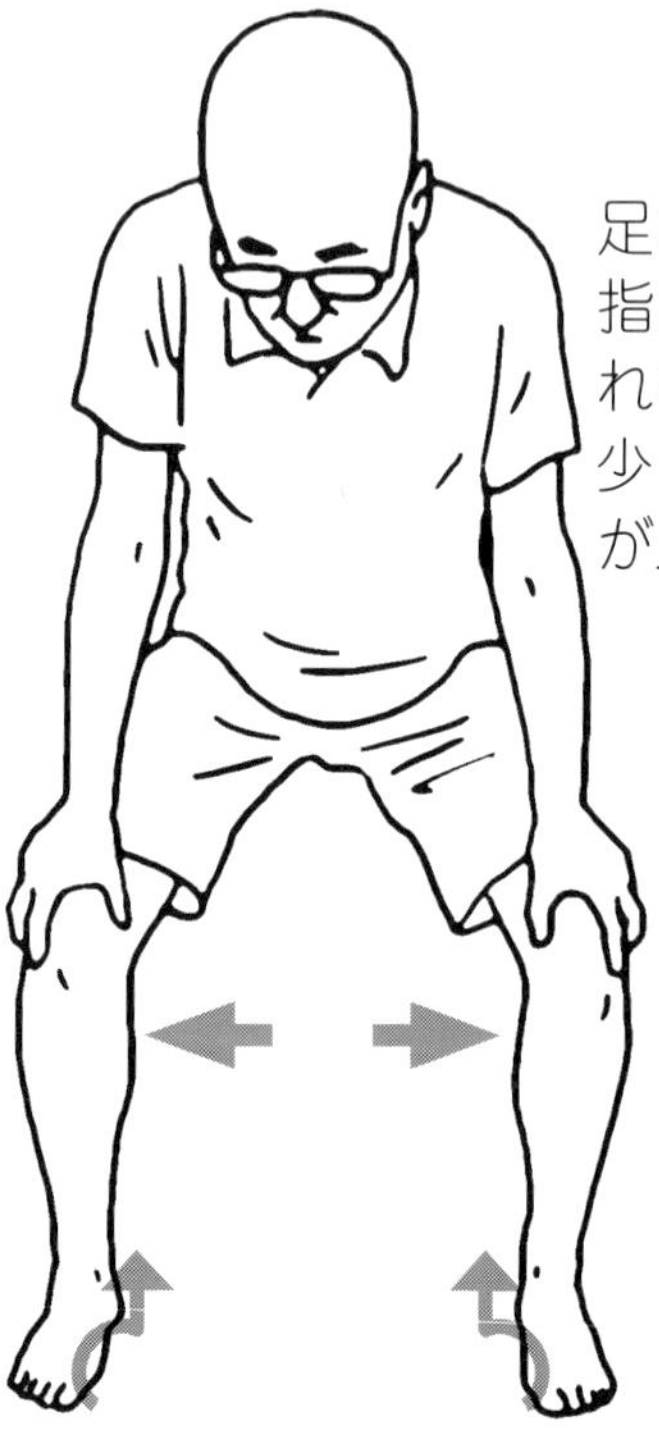

足の親指のつけ根と小指のつけ根が床から離れないようにして膝を少し開けば、土踏まずが上がってきます。

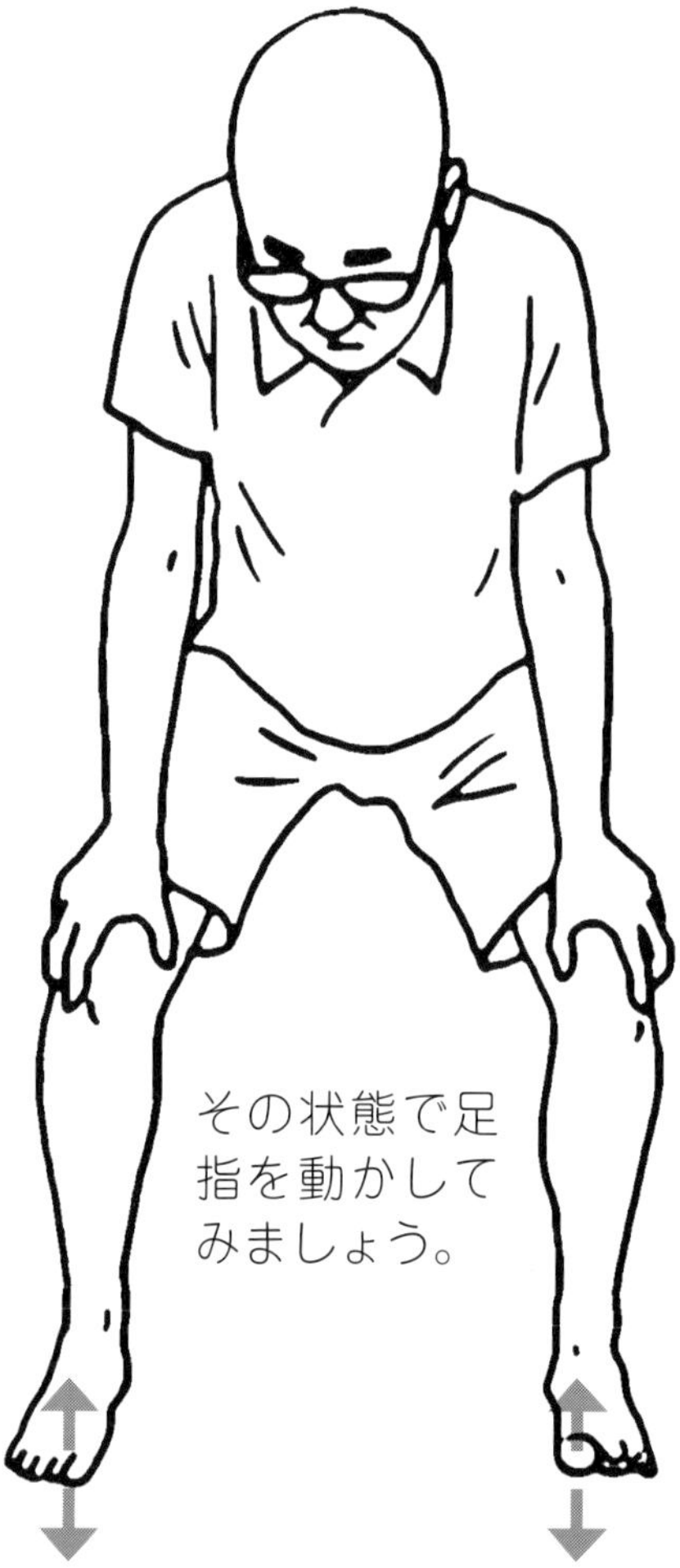

その状態で足指を動かしてみましょう。

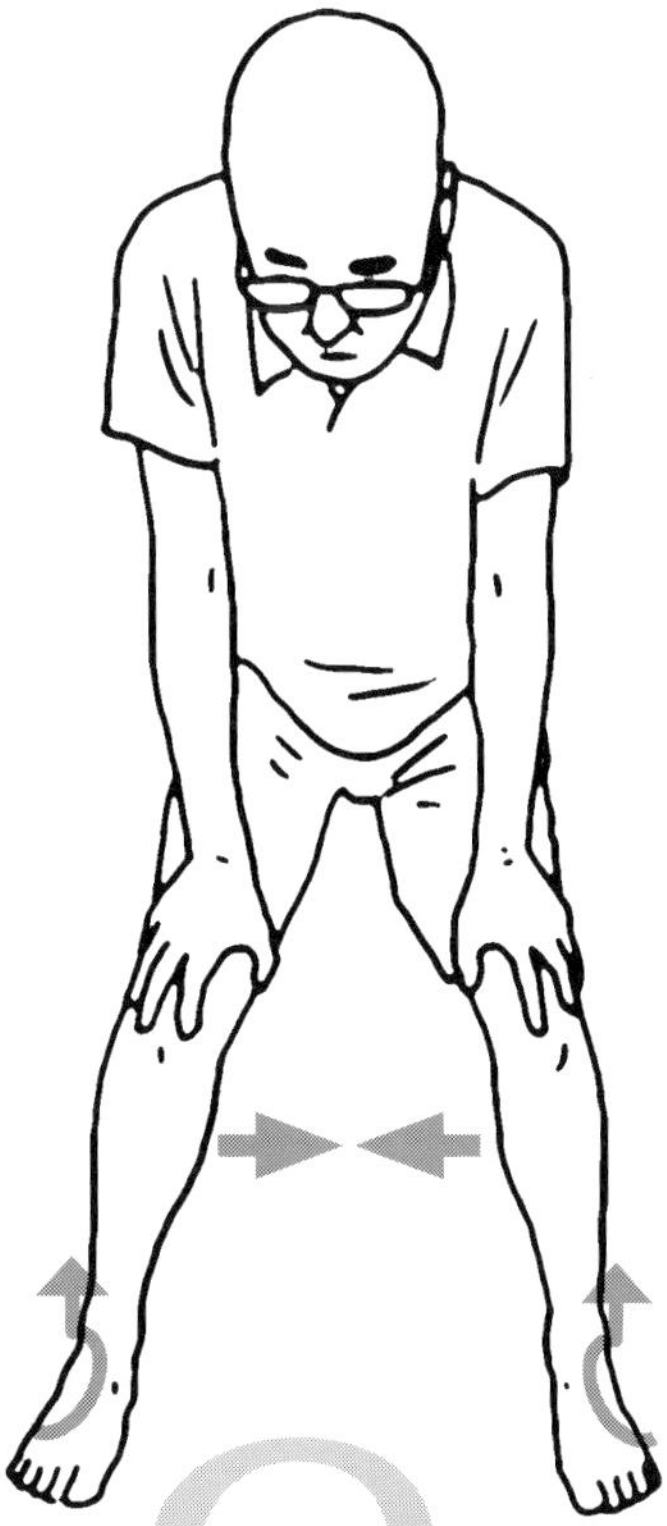

3

次に、膝を少し内側に入れると、小指側のアーチが上がってきます。

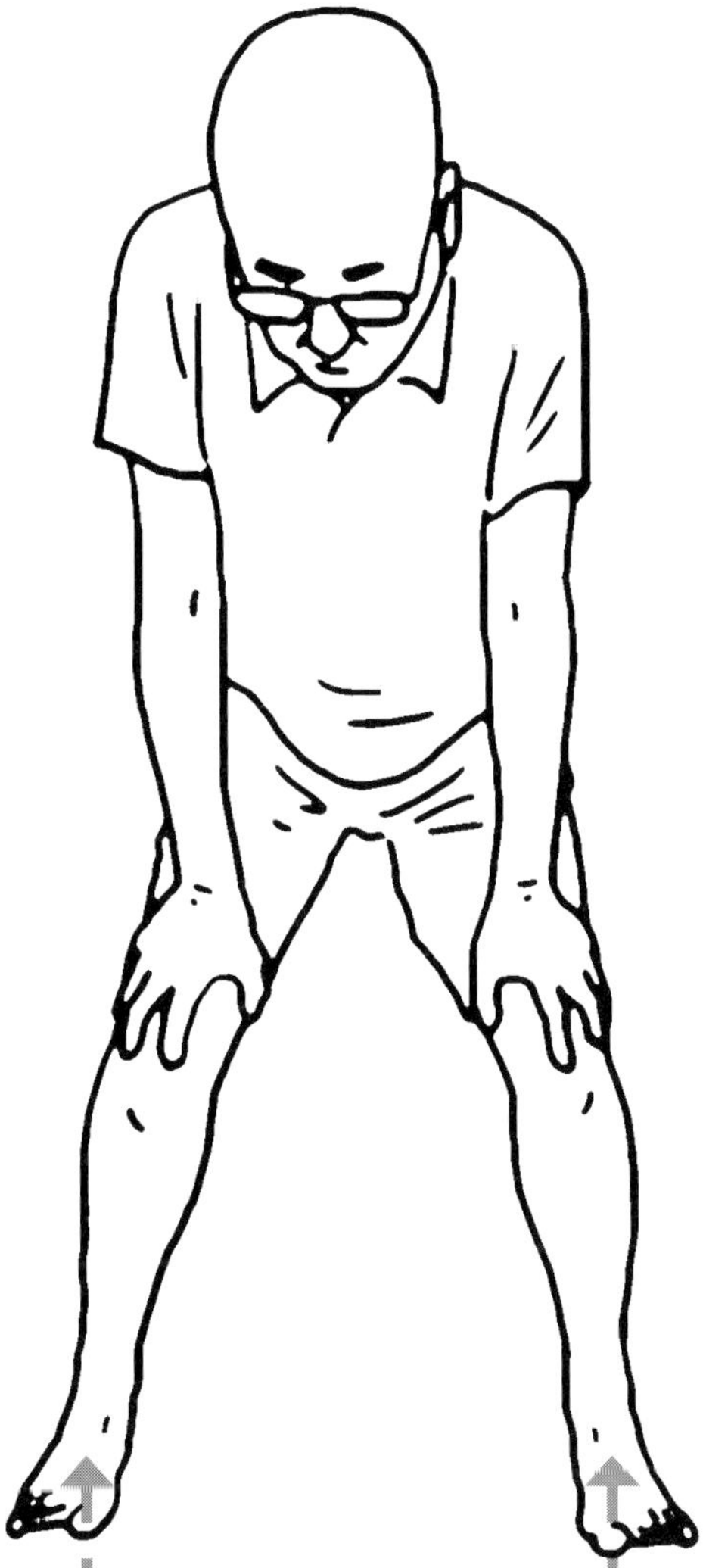

ここでも足指を動かしてみましょう。

足裏の土踏まず、小指側のアーチ、それをつなぐアーチが整うと、身体の重心が足の裏の真ん中あたりに収まるようになるので、外反母趾、O脚、X脚の矯正が自然にできます。

骨体操 12 ストレッチング

ストレッチングというのは、広く行き渡ってきています。しかし、筋肉の片方を止めて一方にだけ伸ばすストレッチングは、あまりよいとは言えません。ストレッチングは、筋肉のためにも両方向へ引っ張るように行うのがよいでしょう。この全身を伸ばす体操で、正しいストレッチングの感覚を養いましょう。

1

立った状態から腕を上に伸ばし手を組みます。

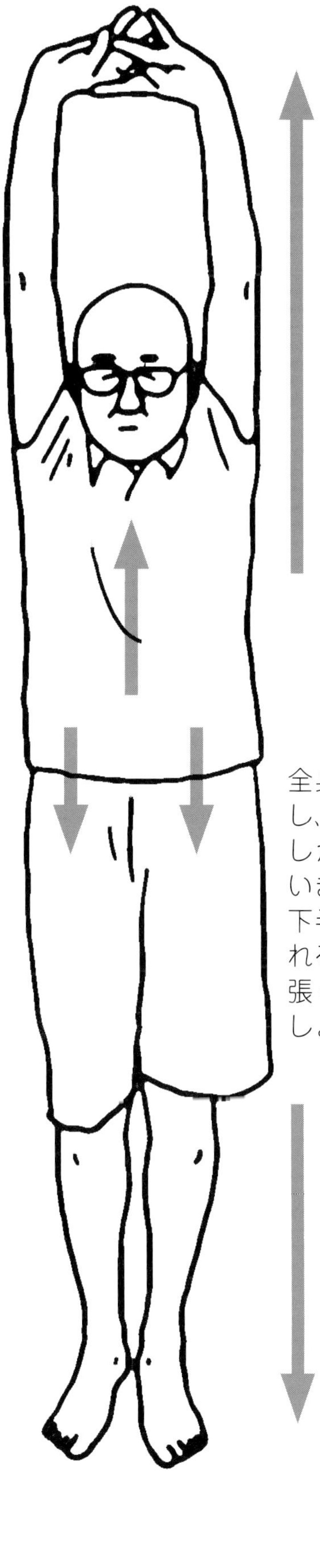

2

全身を上に向かって伸ばし、かかとも上げます。しかし、これでは伸びていません。この状態から、下半身は床から引っ張られるように、上下から引っ張られる意識で行いましょう。

こうして両方向から引っ張られてはじめて伸びるという状態になります。

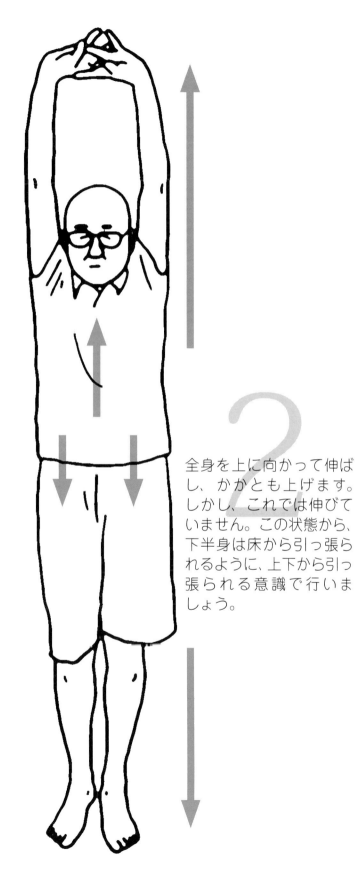

7つのムーヴメント

7つのムーヴメントとは?

「7つのムーヴメント」(ナンバ式お元気体操)というのは、全身を連動させて運動できるように神経回路の流れをよくするための体操です。

どんな運動でも、身体を動かすときには「無理な動かし方をしない、無駄な力を使わない」ということが重要です。動きの中から無理や無駄を取り除いていけば、動きが洗練されて滑らかになるのです。それには、身体の右半身左半身、上半身下半身、前半身後半身を滑らかに連動させることが必要となります。そのためにスポーツや日常生活でのさまざまな動きを観察し、動きの分析をして、どのように全身の連動性を高めるかを研究し、開発したのがこの7つのムーヴメントです。

7つのムーヴメントが目指しているのは運動感覚の向上であり、つまり運動の質を高めるということになります。ヴァイオリンを演奏するということは、身体の動きによってヴァイオリンを操り音を出していくということです。自分の求めている音を出すためには、自分の身体を自由に操作し求めている音を出せるような動きをしなければなりません。それには、自分の身体を自由自在に動かせる運動感覚を高めていくしかないのです。

「全身を使って演奏しろ」ということはよく聞きます。しかし、どうやれば全身を上手く使えるかはなかなか説明してもらえません。そこで7つのムーヴメントでは、全身を上半身と下半身、右半身と左半身、前半身と後半身というように分類し、それらを滑らかに連動させるようにしました。そうすれば全身が効率的に連動し、全身を使ってヴァイオリンを演奏することができるようになるのです。

7つのムーヴメントで身体を動かすときには、骨を意識して動かすようにします。そうすると、その骨を動かす筋肉だけが働くようになり、結果的に無駄な力が抜けるようになります。骨自体を意識して動かすこともあれば、関節を意識して動かすときもありますが、どちらにしても最高の状態で身体を動かすためには、「リラックスしろ」「無駄な力を抜け」などということより、筋肉意識でなく骨意識で動かすということの方がよいでしょう。実際に演奏するときに「リラックスしろ」とか「脱力しろ」などと言うと、正直な人なら腑抜けのクラゲのような状態になり立っていることさえできなくなります。リラックス・脱力した状態というのは、意識してできるものではなく結果的にそうなるということです。そして、結果的にそのような状態にしたいのなら、筋肉意識で動くよりも骨意識で動く方がずっと効果的なのです。

この7つのムーヴメントを、練習の準備運動として行えば、身体を動かす神経回路が目覚めて自分の身体を思い通りに動かす準備が整います。それから練習に入ると、最初から全力で曲に取り組むことができるようになります。スポーツにおいても、本練習に入る前に準備運動を行うことは当然のことです。そして、その中には動きのドリルがかならず入っています。

7つのムーヴメントで身体を動かし神経回路の準備が整えば、身体の動きがよくなり練習効果も上がります。練習効果を上げるためにも、準備運動としての7つのムーヴメントを行うことをお勧めします。

また、この7つのムーヴメントが練習前の儀式として定着してくれれば、本番前のルーティン・ワークとしても使えるようになります。本番前に「アガったりパニックに陥る」最大の原因は、本番前のルーティン・ワークを決めていないことで、頭の中で勝手に不安や恐怖が増幅して起こります。本番前20~30分にこの7つのムーヴメントを行うと決めておいて、この体操に集中すれば、その間は不安や恐怖が頭に浮かぶことなく身体の準備ができます。準備運動の原則は、関節の可動域を広げておく、筋温を上げておく、呼吸循環機能を一度高めておくということで、簡単に言うと、演奏に必要な「肩甲骨、肩、肘、手首、指を動かしておくこと」「身体を温かくなるまで動かしておくこと」「少し息が上がるような運動をしておくこと」です。7つのムーヴメントはこの要素を含んでいる上に、神経回路の準備までできる万能体操です。

この7つのムーヴメントで全身の連動性が身についてくれれば、日常生活のさまざまな動きが合理的で効率的な洗練された動きに変わっていきます。動きの無理や無駄が取れてくれれば、立ち居振る舞いも上品になってきます。

また、いままで身体の局部を使って動いていたために、身体の局部に疲れや痛みが出ていたのが、全身を連動させて動かすようになれば、疲れや痛みが全身に分散されるので、そのような苦しみから解放されるのです。

そればかりではなく、全身を連動させて動かすと、身体を動かす心地よさを感じることができます。身体の局部だけを動かすと苦しさや痛みを感じるものですが、全身が連動すれば身体は「快」を感じ、自分自身も心地よさを感じるのです。このような体験を積めば、身体を動かすことが億劫なことではなく、楽しみにさえなってきます。そうでないと、なかなか運動が生活の中に入ってきません。いま、運動を生活に定着させようと思っている人は、この7つのムーヴメントを行い、全身を運動させる神経回路を開発し、運動の心地よさを感じてから始めた方がよいでしょう。そうすれば、かならず運動が長続きします。

（矢野龍彦）

7つのムーヴメント

「7つのムーヴメント」（ナンバ式お元気体操）は「12の骨体操」の延長線上にあるので、どの動きを行うにも骨を動かす意識、関節を動かす意識で行うようにします。

この体操は、それぞれ1〜3分くらいで行うのが効果的です。そして、最初はこの体操を行うことにより筋肉痛になるかもしれませんが、それはまだ筋肉意識で身体を動かしているということであって、もっと骨意識で動かす必要があります。骨を意識して動かし、全身を上手く連動させることができるようになると、筋肉痛からも解放され、動くことの快感や楽しさを味わうことができるようになります。また、体操自体も上達していくので、そこにも楽しみを見出すことができます。

そしてこれらの全身の連動ができるようになったら、その動きをヴァイオリン演奏の動きにつなげていきましょう。

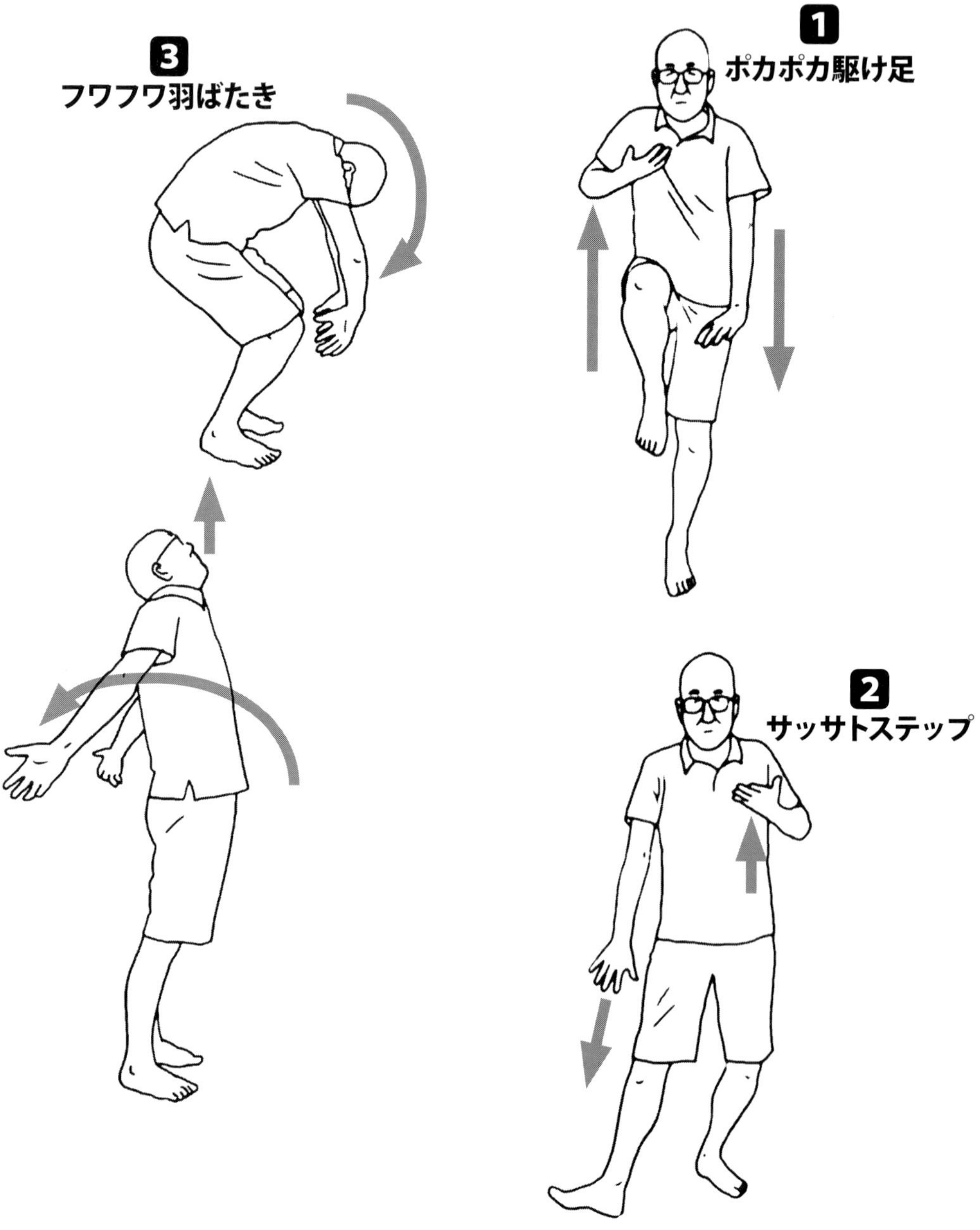

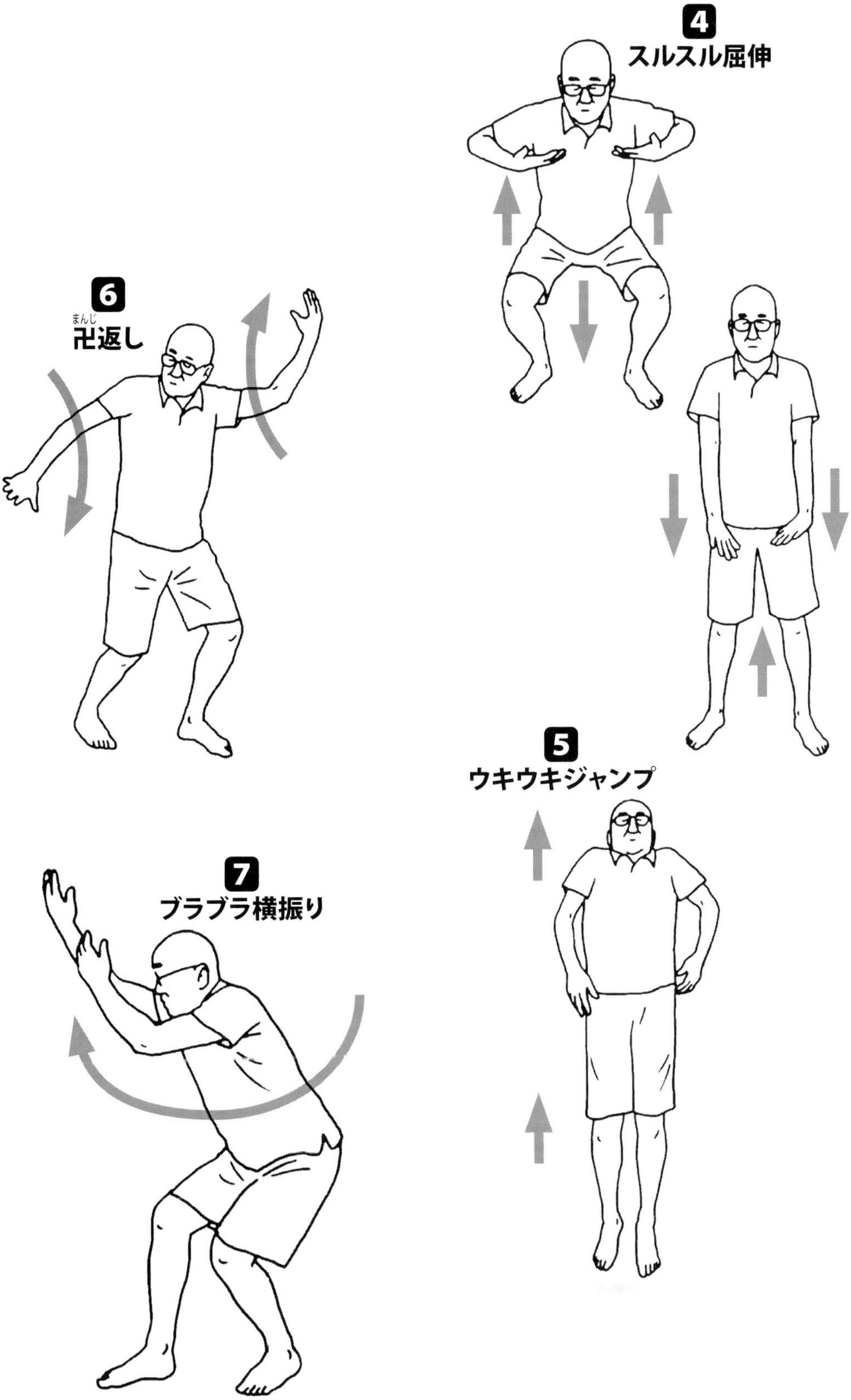
4
スルスル屈伸
5
ウキウキジャンプ
6
卍《まんじ》返し
7
ブラブラ横振り

ムーヴメント
1

ポカポカ駆け足

ヴァイオリン効果

弓が弦に吸いつくような美しいボウイングになる。またヴァイオリン演奏の基本の動きとなる。

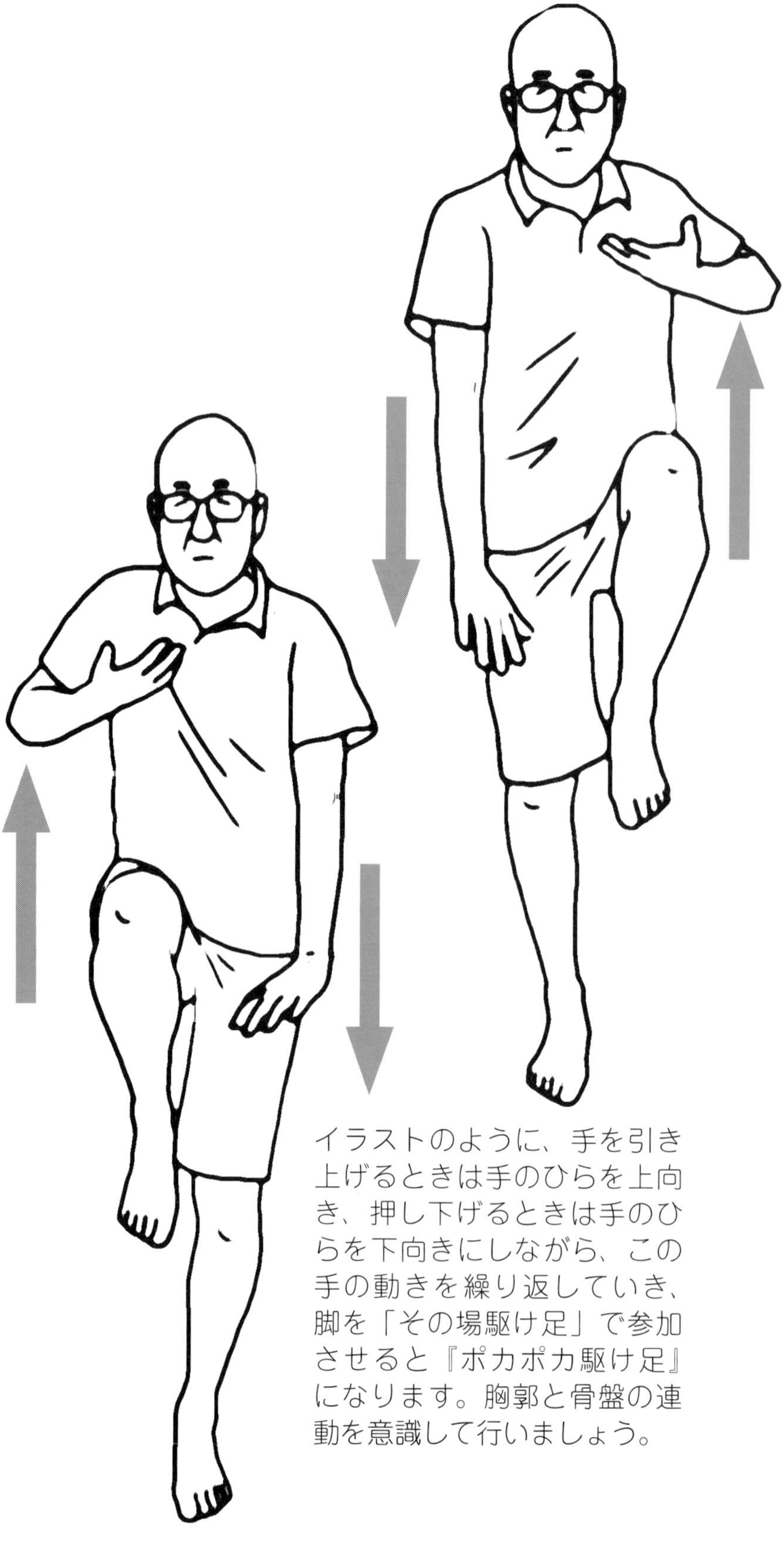

イラストのように、手を引き上げるときは手のひらを上向き、押し下げるときは手のひらを下向きにしながら、この手の動きを繰り返していき、脚を「その場駆け足」で参加させると『ポカポカ駆け足』になります。胸郭と骨盤の連動を意識して行いましょう。

『ポカポカ駆け足』を行っているときに感じる身体の重さと、『ポカポカ駆け足』から腕を前後に振るように変えたときの身体の重さの違いを実感してください。急に身体を重く感じるようになります。腕を前後に振るというのは、現代式の歩き方・走り方です。『ポカポカ駆け足』の方が軽く感じるということは、実際に歩いたり走ったりしてもナンバの方が楽ということです。身体の動かし方ひとつで、歩いたり走ったりする運動も楽にもなれば苦しくもなるのです。

　これも全身を連動させて動かすということのよい練習になります。

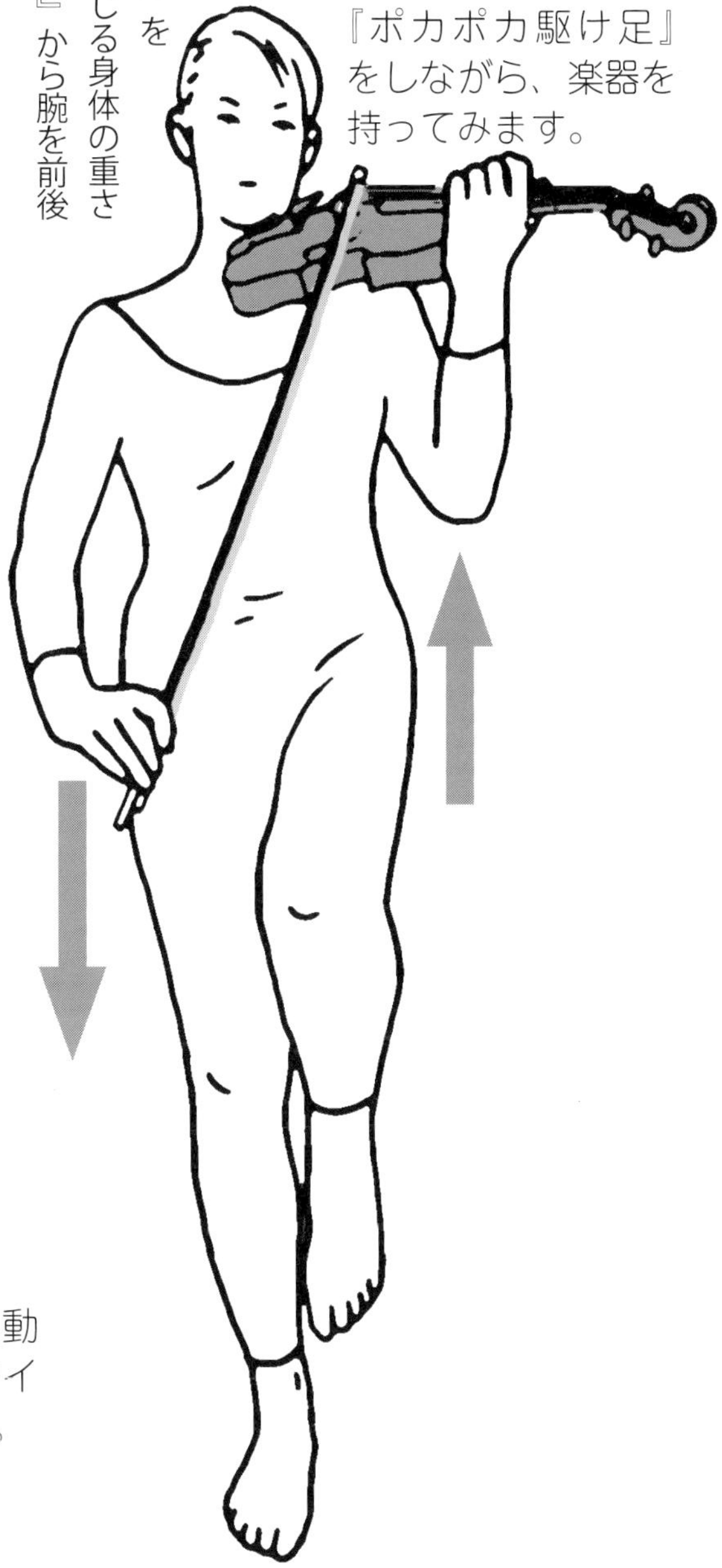

『ポカポカ駆け足』をしながら、楽器を持ってみます。

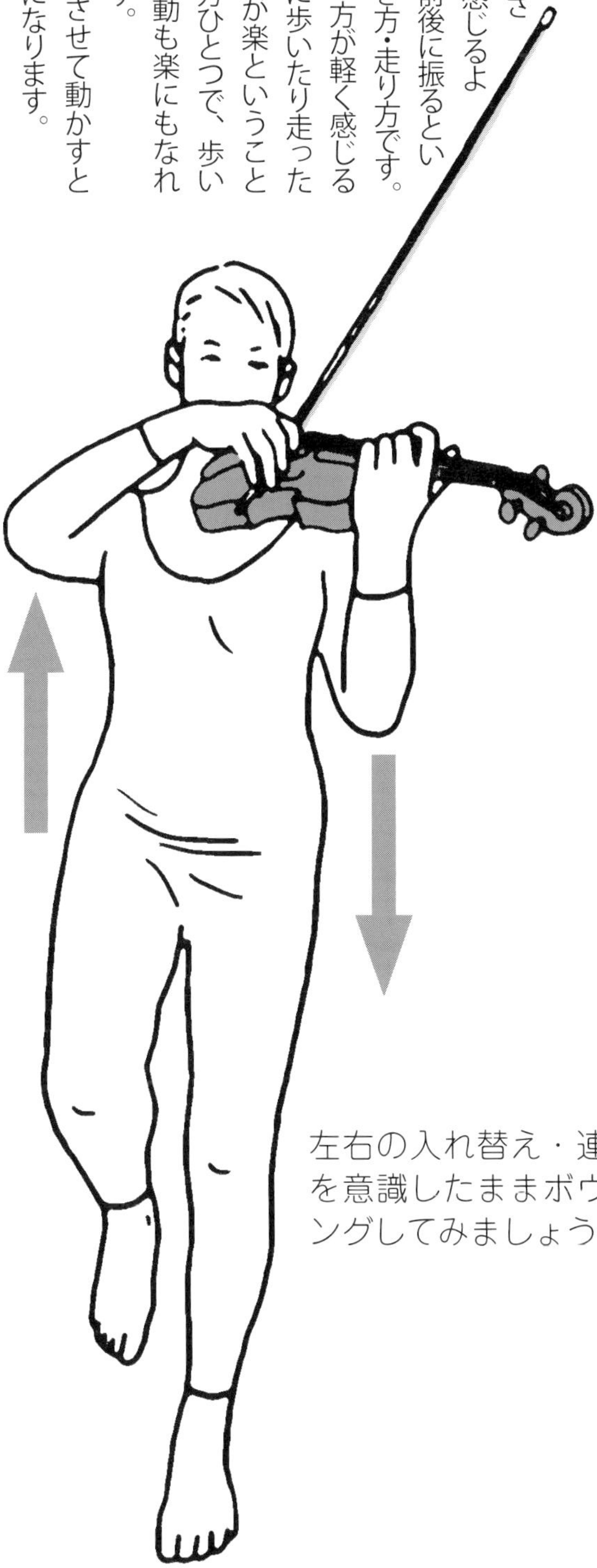

左右の入れ替え・連動を意識したままボウイングしてみましょう。

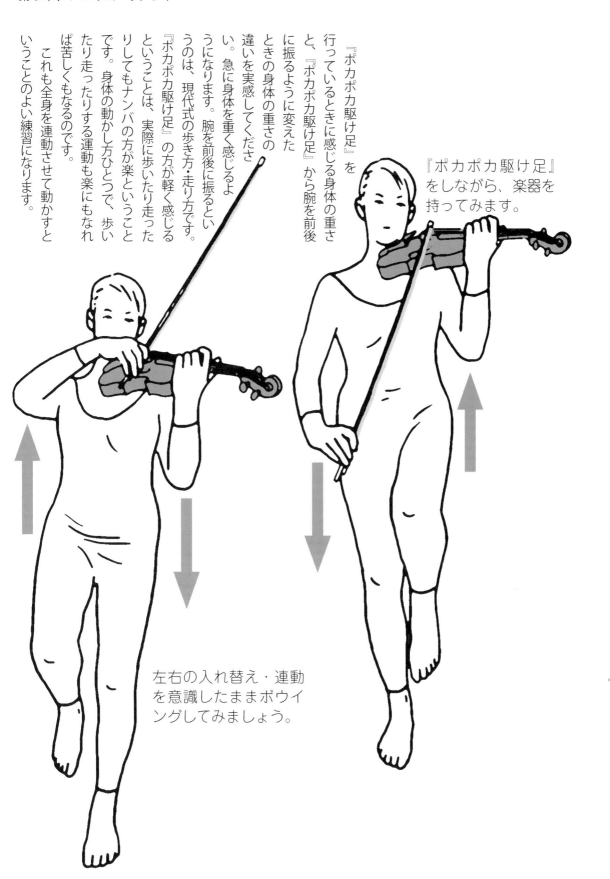

ムーヴメント
2

サッサトステップ

ヴァイオリン効果

すばやいボウイングができ、ポジション移動がスムースになる。

右脚を斜め前に出し、右手のひらを下に向けて伸ばします。左脚は上体の真下に置き、左手は手のひらを上に向けて曲げます。

その状態から、瞬時に右半身と左半身を入れ替えましょう。右脚は左脚があった場所に引き、右手と左手を入れ替えます。このときに、頭の位置が上下しないことが大事です。身体を上にジャンプさせて入れ替えるのではなく、下に落ちていく瞬間に入れ替えます。いわゆる抜重《ばつじゅう》の要領です。骨盤と胸郭の右半身と左半身を入れ替える意識で行いましょう。

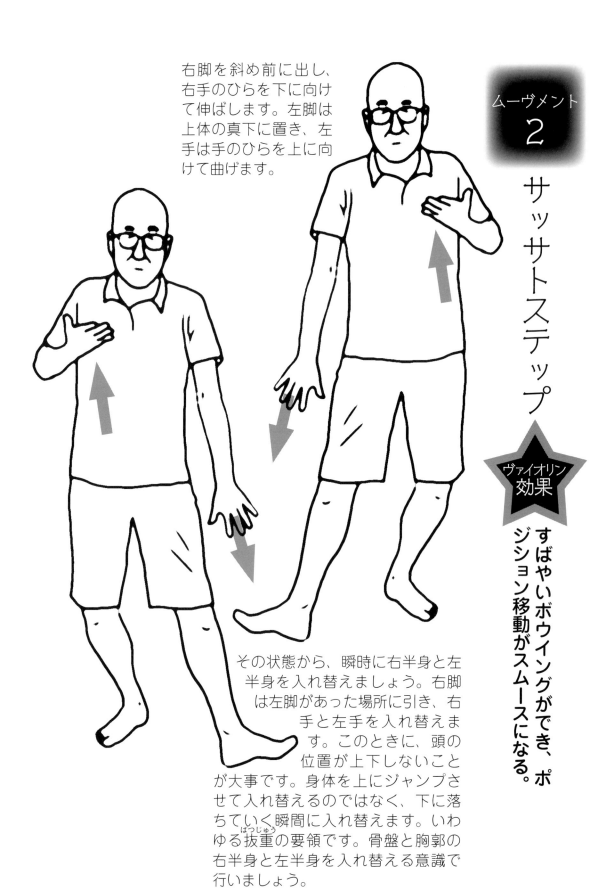

ヴァイオリン演奏では、右半身と左半身の動きが違います。この、左手で弦を押さえて右手で弓を動かすという動作が、連動して滑らかになります。どちらか一方の手ばかりでなく、両手を連動させて動かせるようになり、また全身の血行がよくなり、すみずみまで温まります。

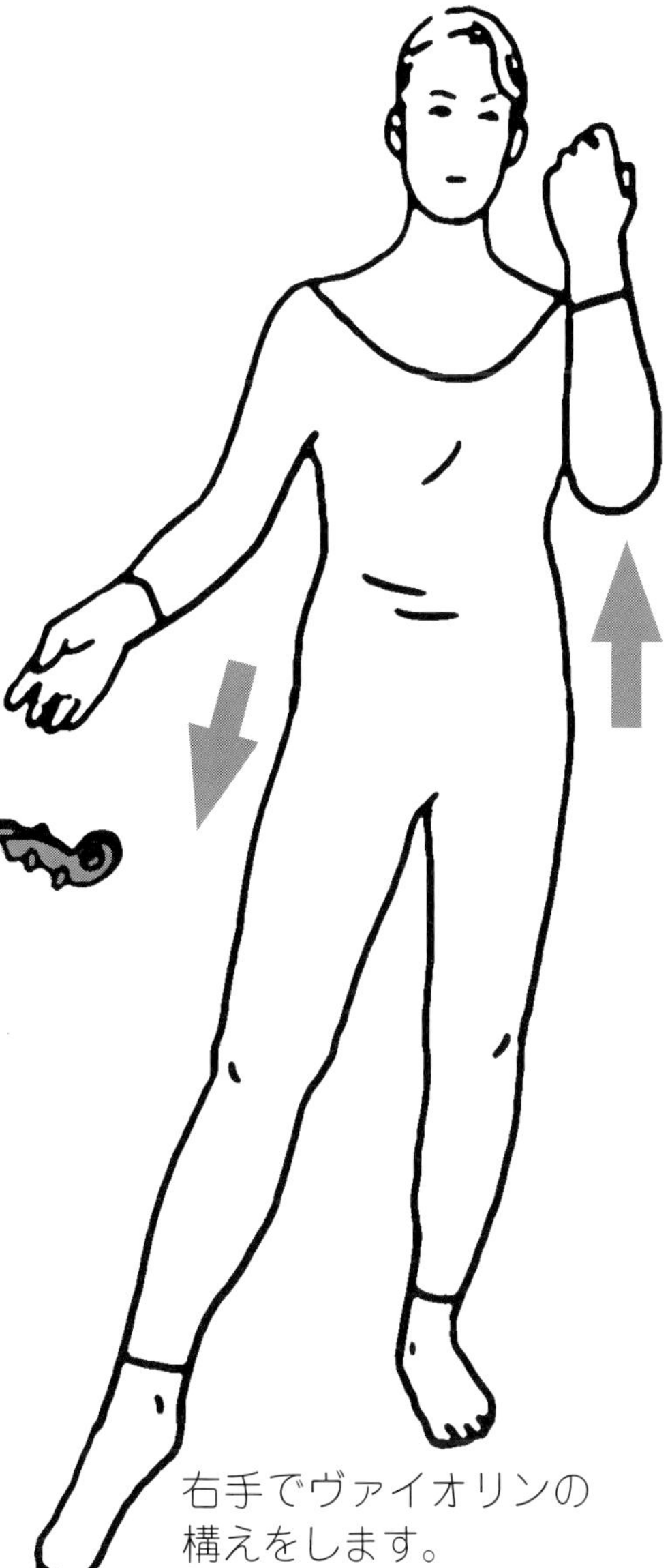

右手でヴァイオリンの構えをします。

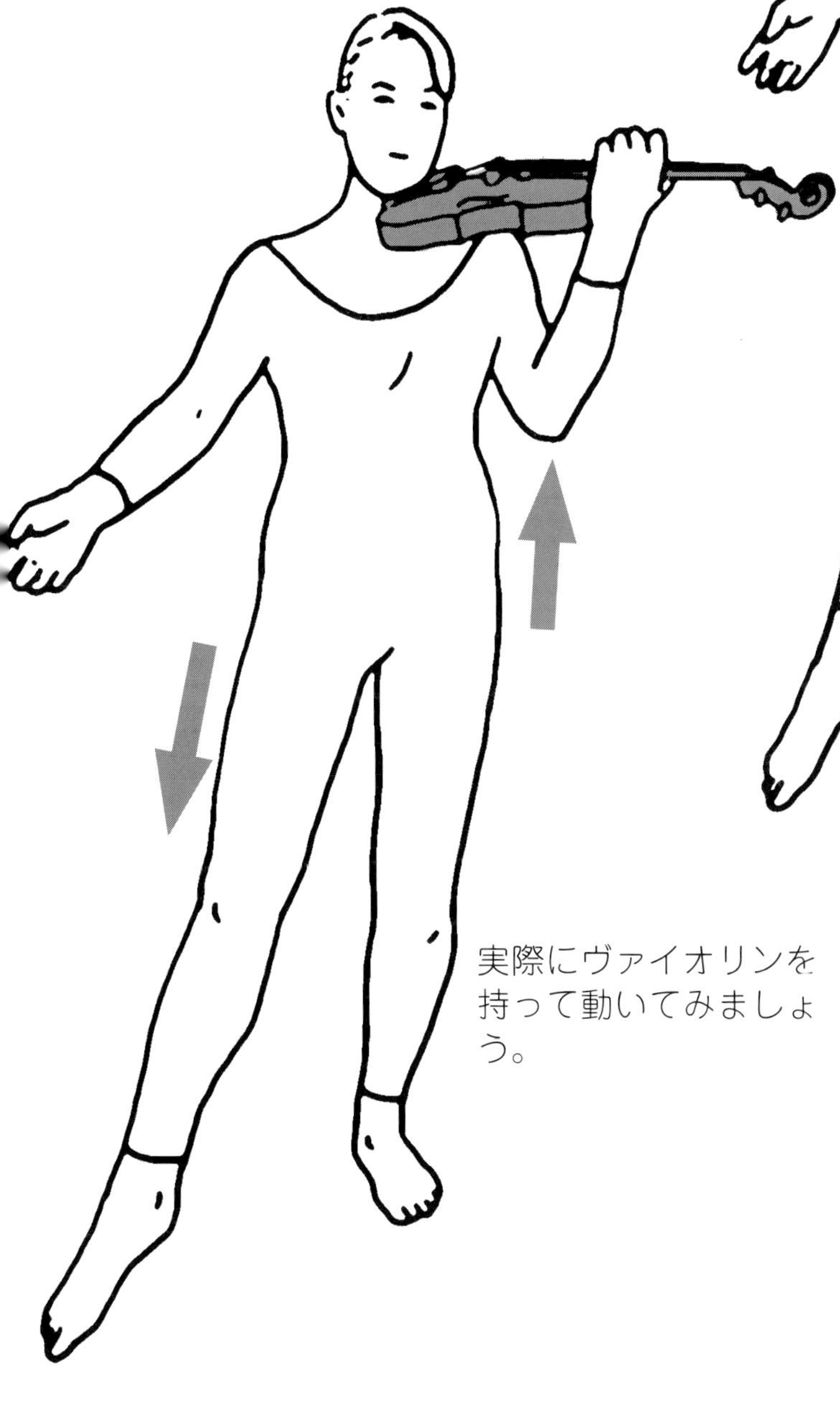

実際にヴァイオリンを持って動いてみましょう。

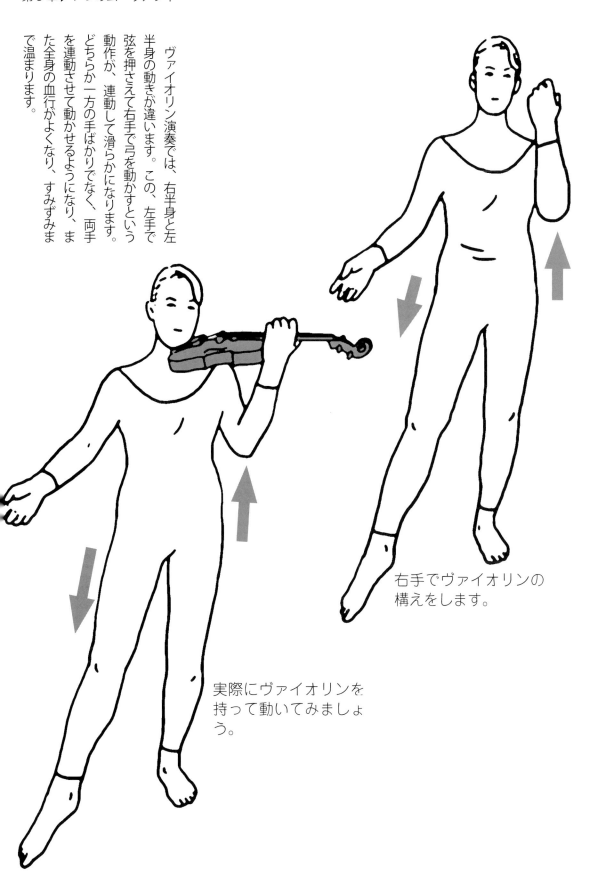

ムーヴメント
3

フワフワ羽ばたき

ヴァイオリン
効果

ヴァイオリン演奏の基本の動きとなる。楽器の構えがよくなる。

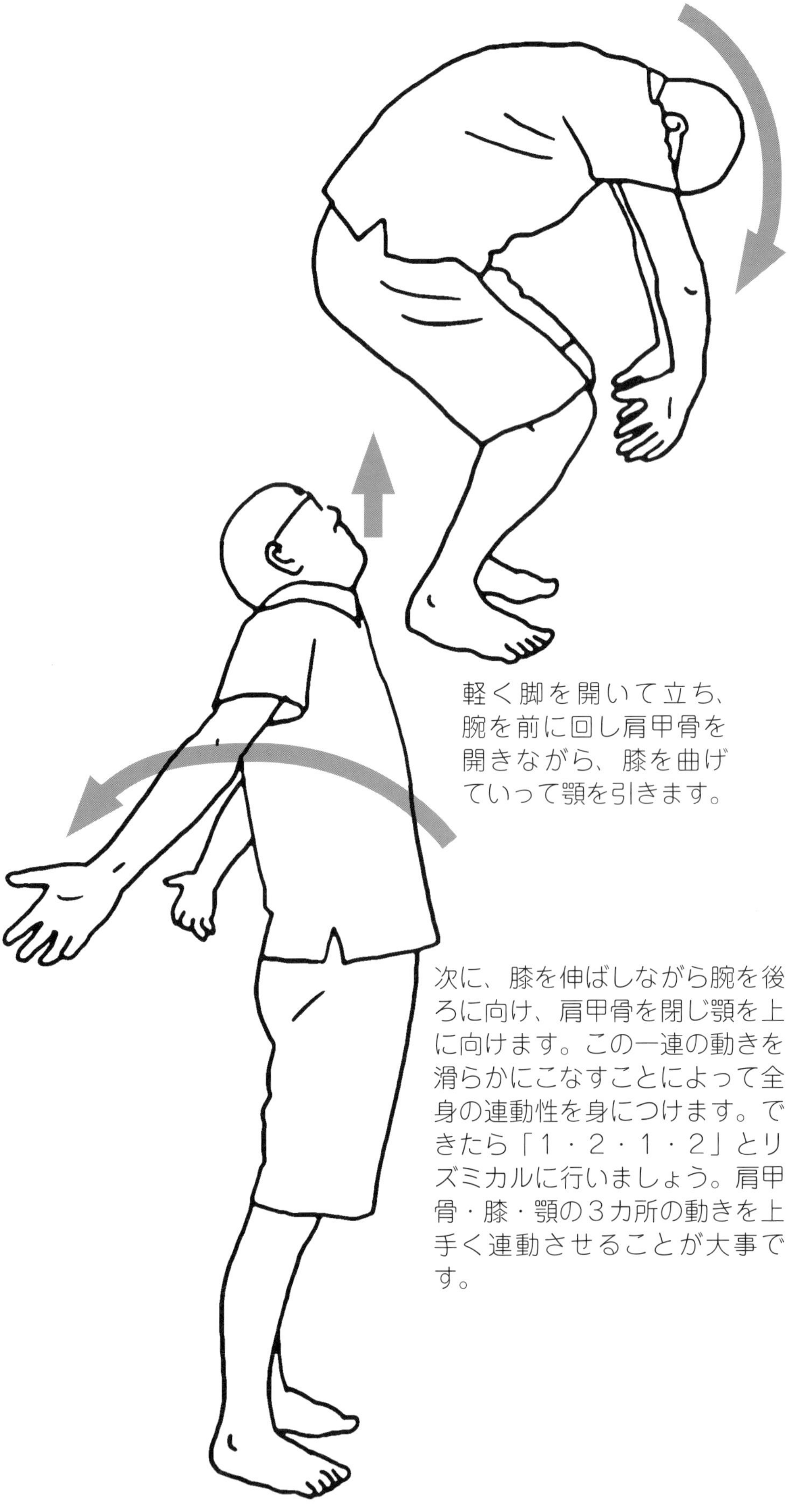

軽く脚を開いて立ち、腕を前に回し肩甲骨を開きながら、膝を曲げていって顎を引きます。

次に、膝を伸ばしながら腕を後ろに向け、肩甲骨を閉じ顎を上に向けます。この一連の動きを滑らかにこなすことによって全身の連動性を身につけます。できたら「1・2・1・2」とリズミカルに行いましょう。肩甲骨・膝・顎の3カ所の動きを上手く連動させることが大事です。

立ってヴァイオリンを演奏するときには、両脚への重心のかけ方、右手左手、顎や顔の向きなどを連動させる必要がありますから、この体操が大いに応用できるでしょう。

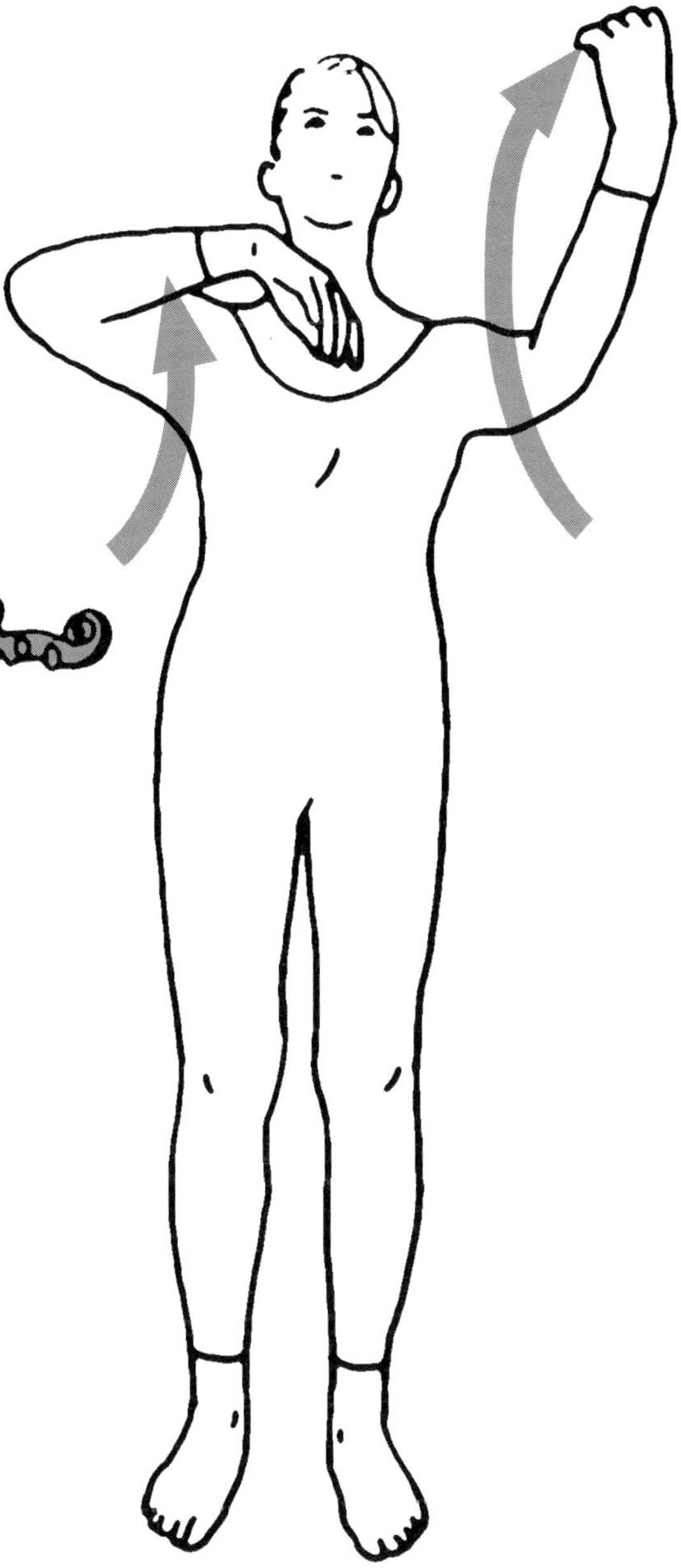

肩甲骨を開いた姿勢のままヴァイオリンの構えをします。

実際にヴァイオリンを構えてみましょう。

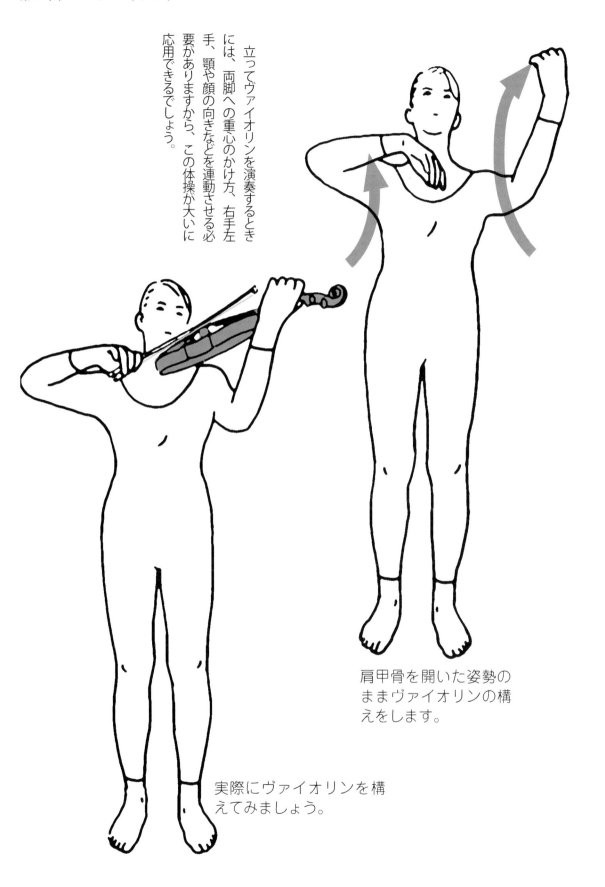

ムーヴメント
4
スルスル屈伸

ヴァイオリン効果

脱力したボウイングが身につき、和音が美しくなる。

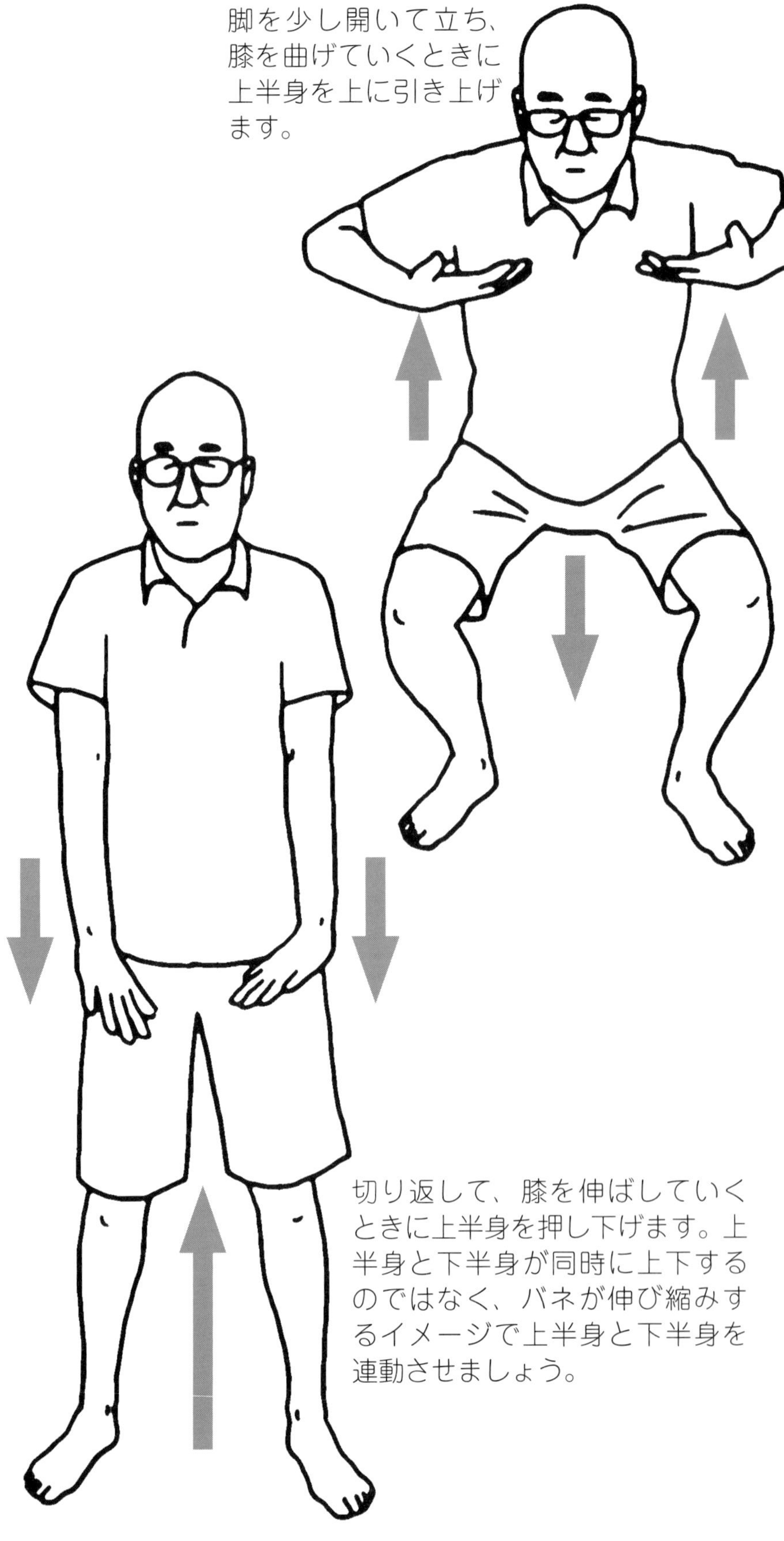

脚を少し開いて立ち、膝を曲げていくときに上半身を上に引き上げます。

切り返して、膝を伸ばしていくときに上半身を押し下げます。上半身と下半身が同時に上下するのではなく、バネが伸び縮みするイメージで上半身と下半身を連動させましょう。

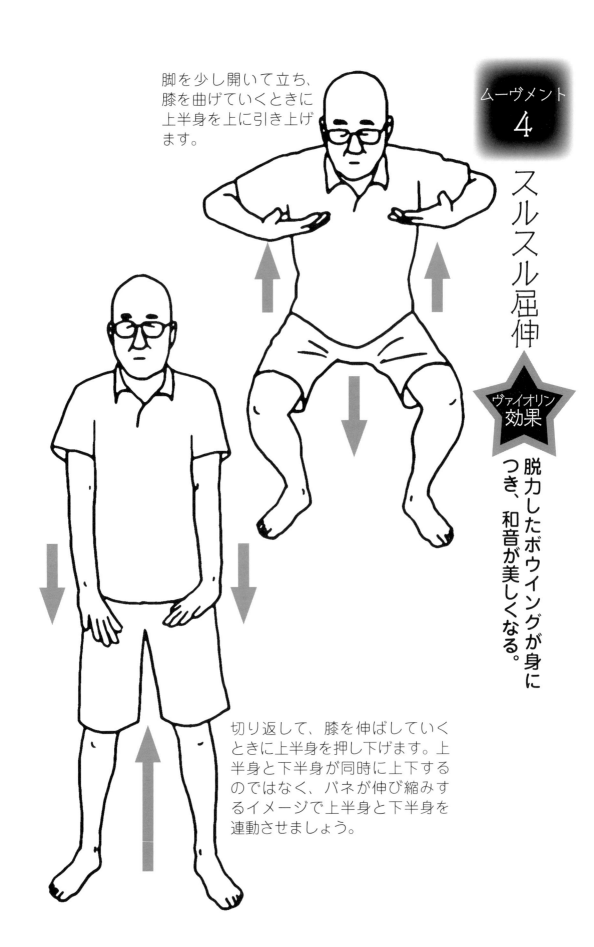

上半身と下半身の連動は、立ってヴァイオリンを演奏しているときは比較的簡単ですが、座って演奏しているときには難しいものです。誰でも座って演奏するより立って演奏した方がよい音が出ます。これは、上半身と下半身が連動しているかどうかの差なのです。座って弾くときにも、立って演奏するときと同じような音を出すためには、上半身と下半身を連動させる必要があります。この体操を滑らかに行えるようになれば、その連動がうまくいくようになるでしょう。

実際にヴァイオリンを構えます。

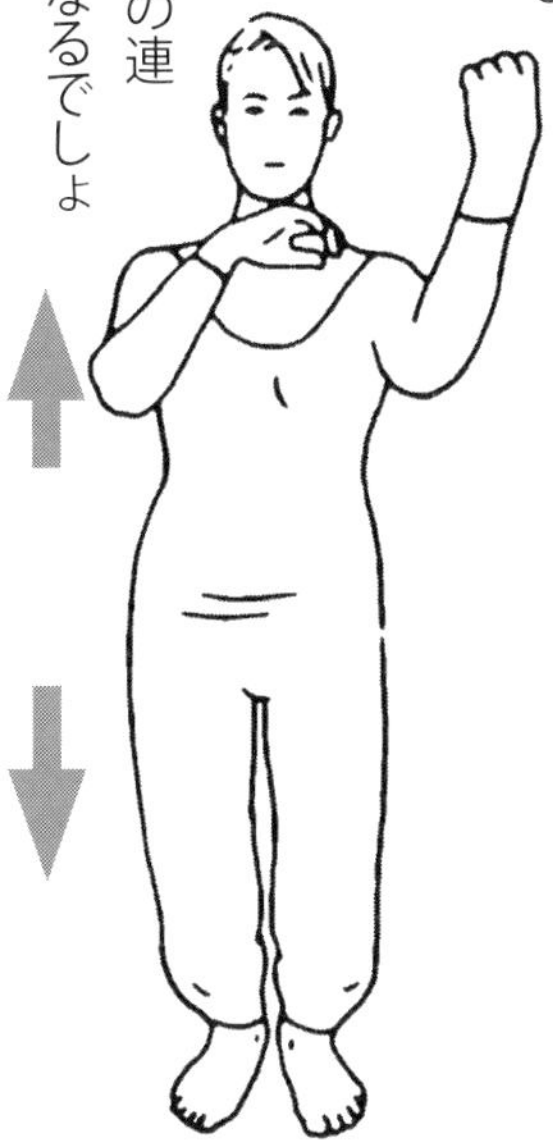

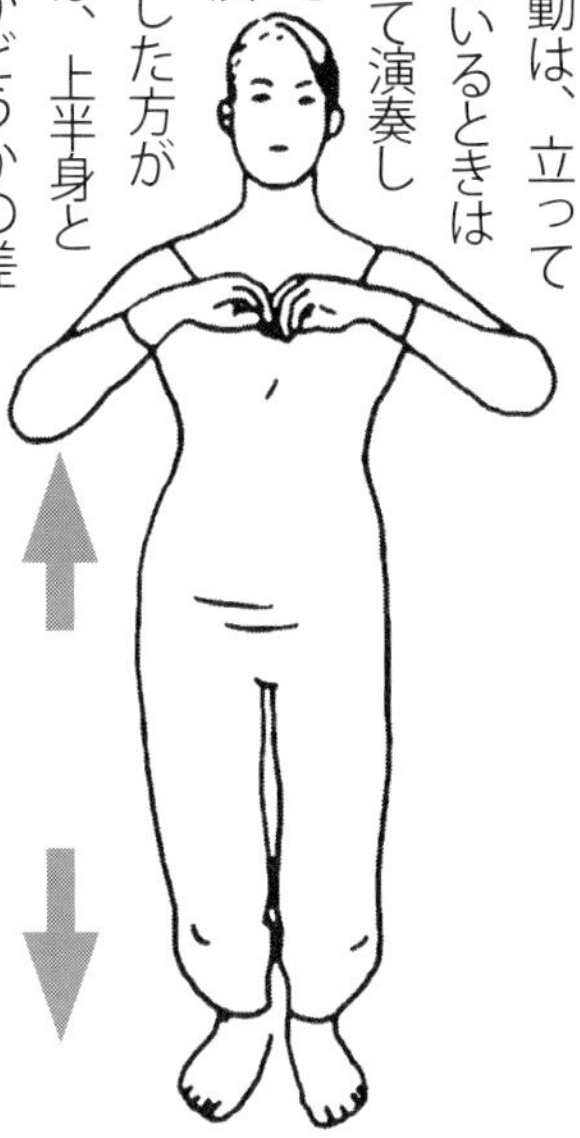

膝を曲げていくときにヴァイオリンの構えをします。

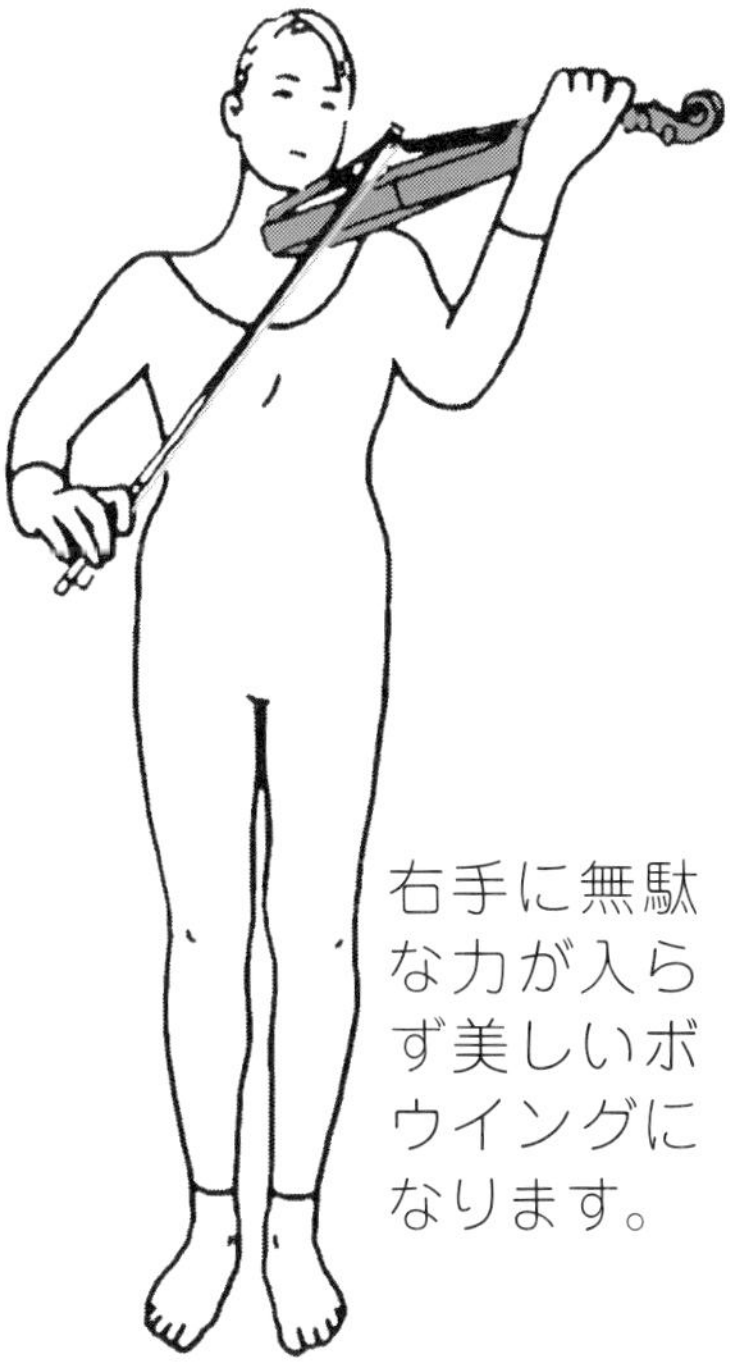

右手に無駄な力が入らず美しいボウイングになります。

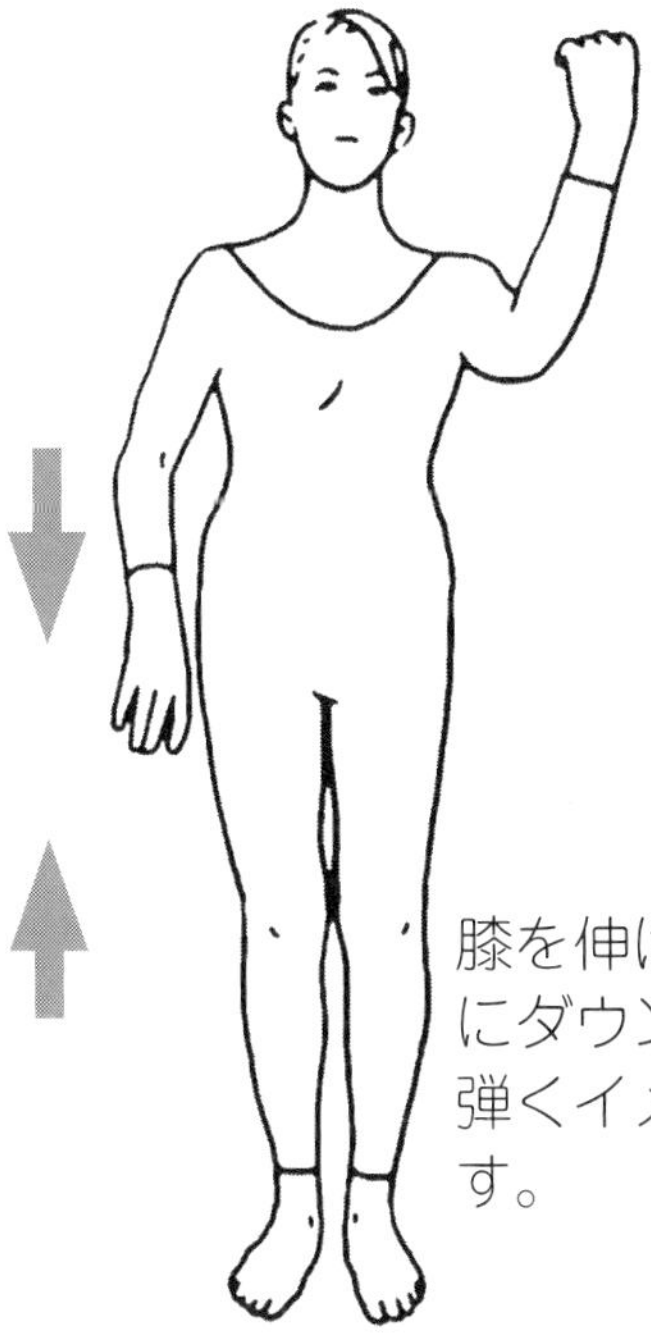

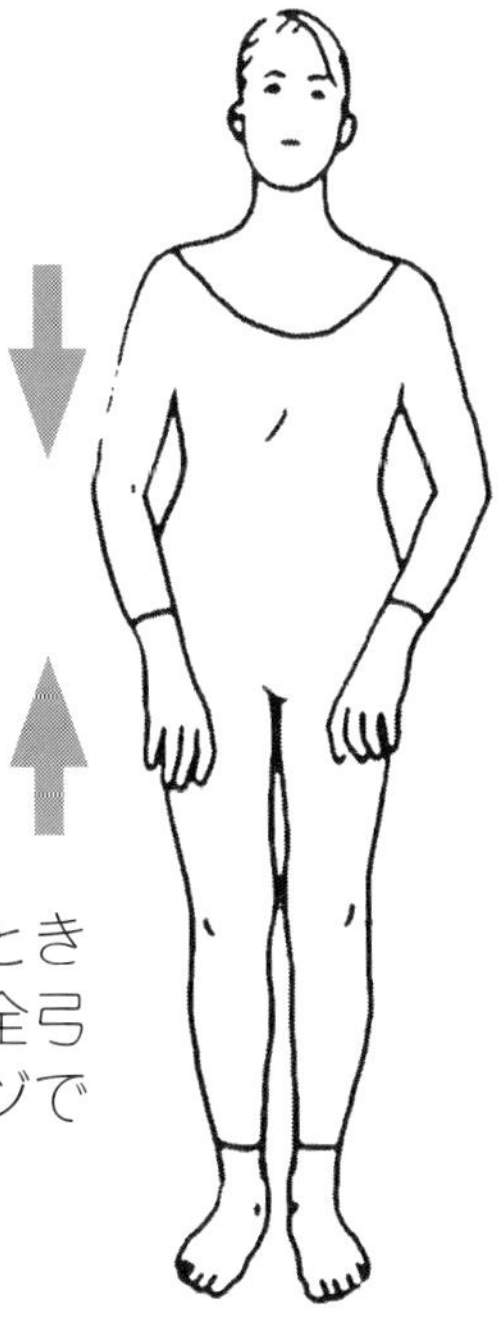

膝を伸ばすときにダウンで全弓弾くイメージです。

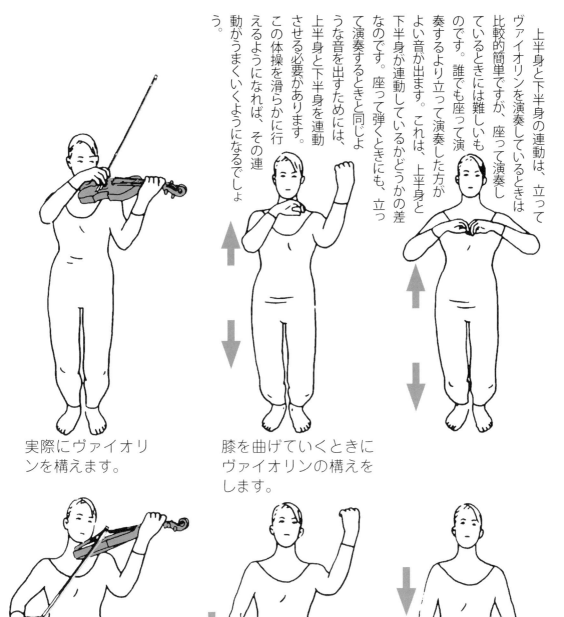

ムーヴメント
5

ウキウキジャンプ

ヴァイオリン
効果

リコシェ、ソティエ、スピッカートなどの跳弓が美しくなり、ふんわり立てるようになる。

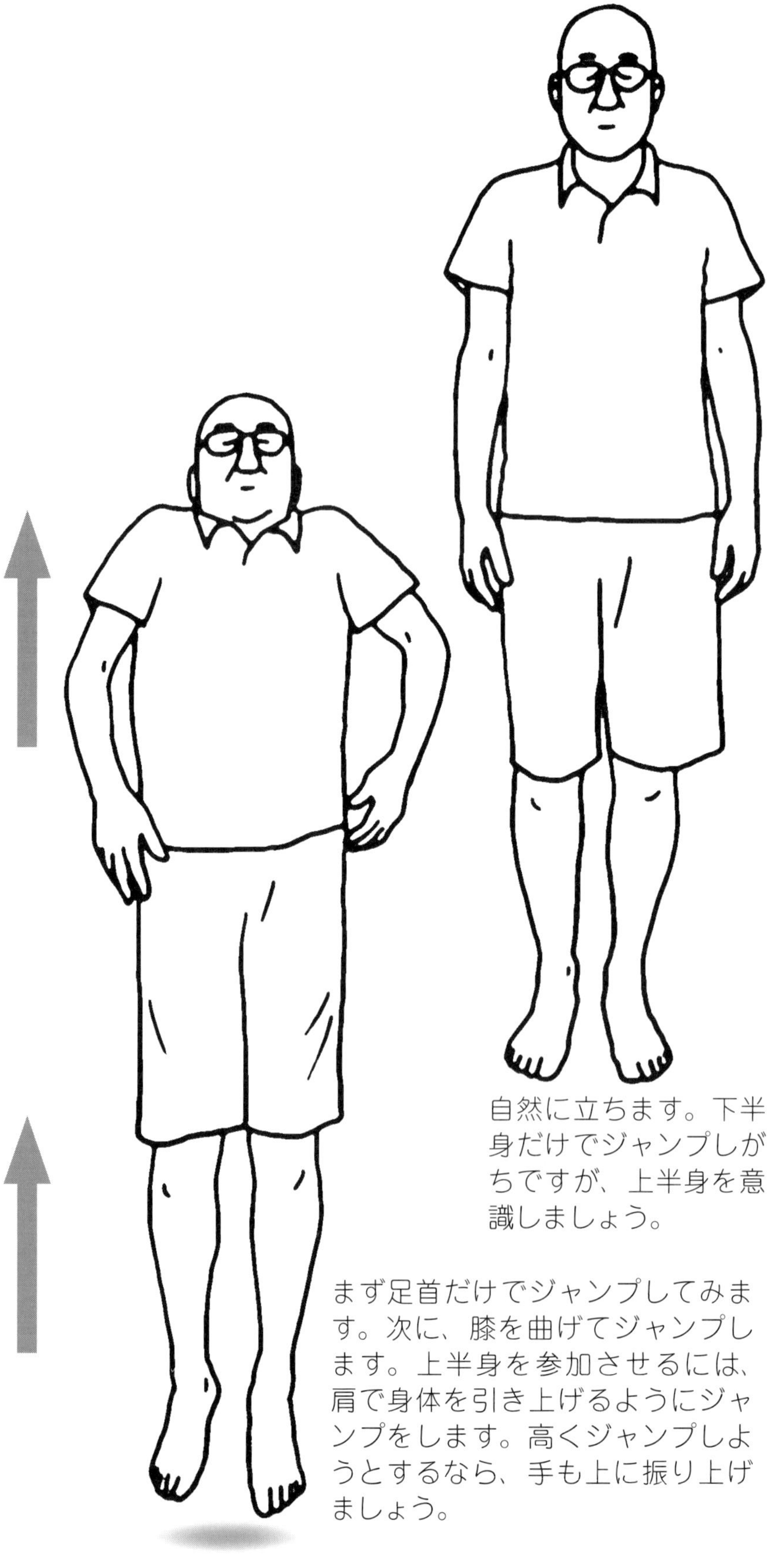

自然に立ちます。下半身だけでジャンプしがちですが、上半身を意識しましょう。

まず足首だけでジャンプしてみます。次に、膝を曲げてジャンプします。上半身を参加させるには、肩で身体を引き上げるようにジャンプをします。高くジャンプしようとするなら、手も上に振り上げましょう。

全身で動かすということを実感しやすい運動です。身体の、いま運動に参加していないところをどうやって参加させるか、ということを考えるヒントになるでしょう。

実際にヴァイオリンを構えます。

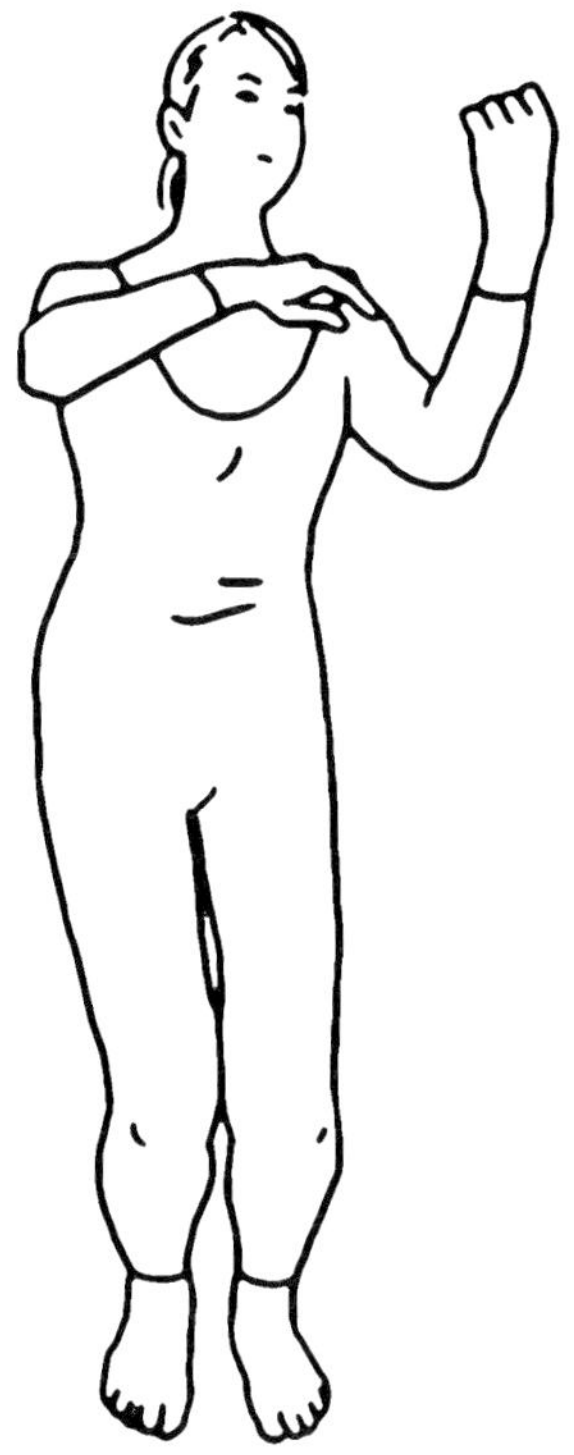

着地したときにヴァイオリンの構えをします。

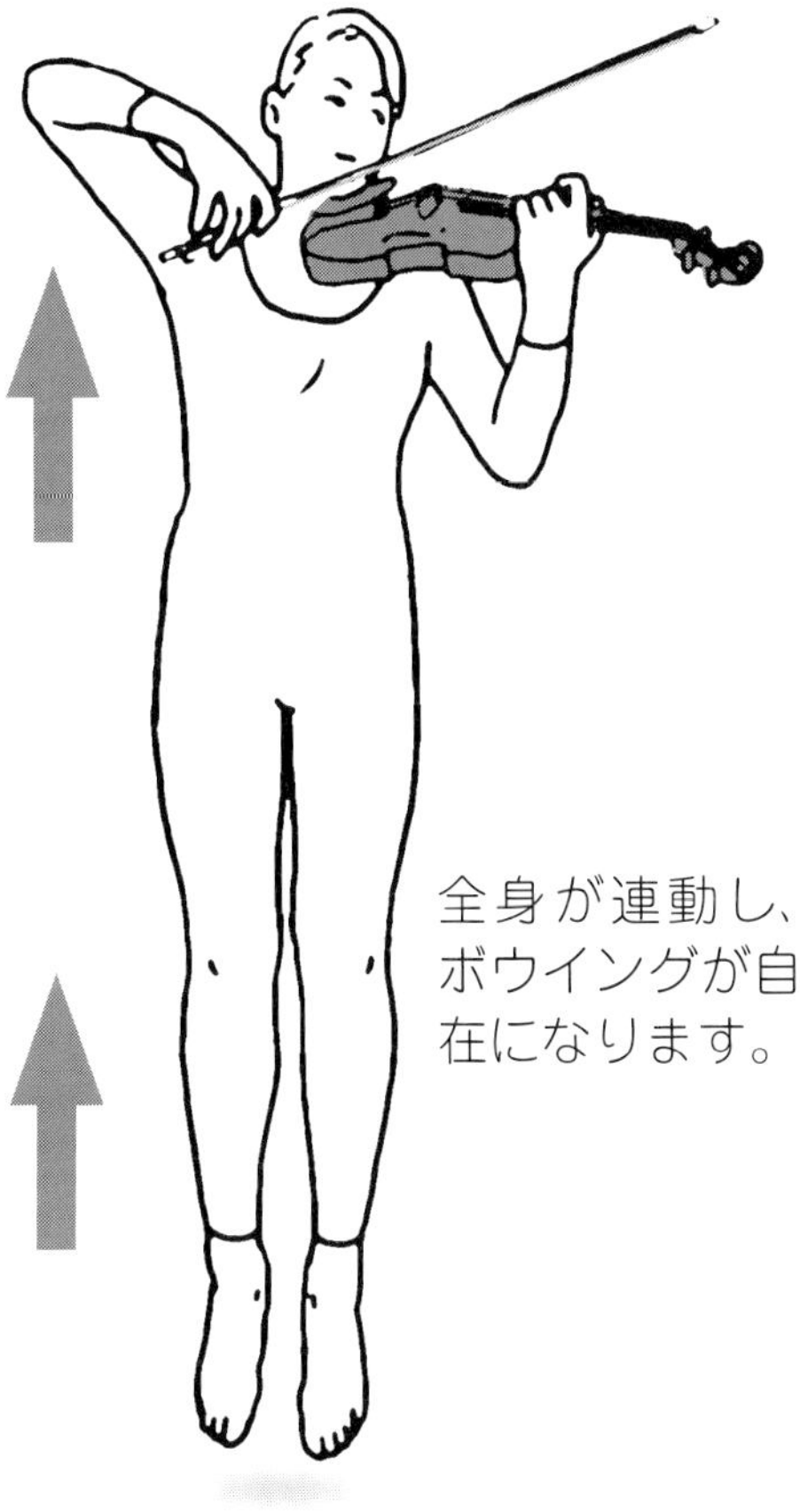

全身が連動し、ボウイングが自在になります。

ジャンプしたときに弓を持ち上げるイメージです。

ムーヴメント
6

卍《まんじ》返し

ヴァイオリン効果

速く、軽い、また力強いボウイング、スムースな移弦、全身の連動ができるようになる。

動き出しに、かかとを右に踏み込み腕を交差させて左手を上げます。このとき顔の向きは、手が下がっている右の方を向きます。

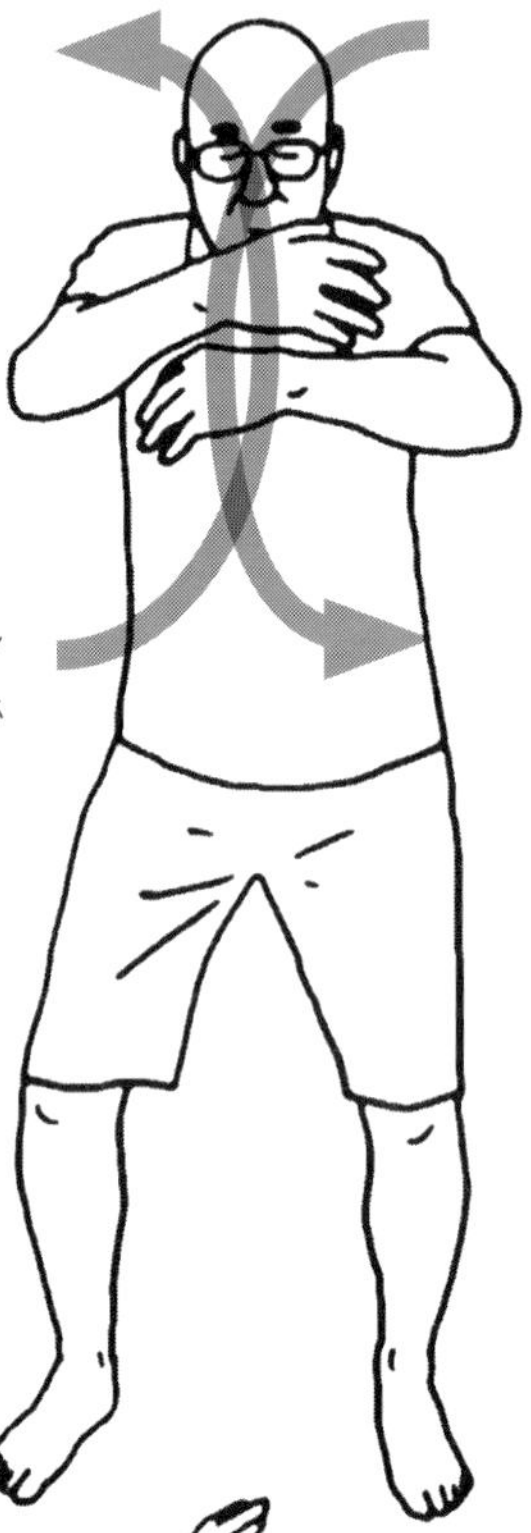

反対に切り返すとき、一度手を身体の正面で交差させ、

今度はかかとを左に踏み込み、右手を上げます。このとき顔は左を向いています。この切り返しをスムースに行いながら、運動を繰り返します。

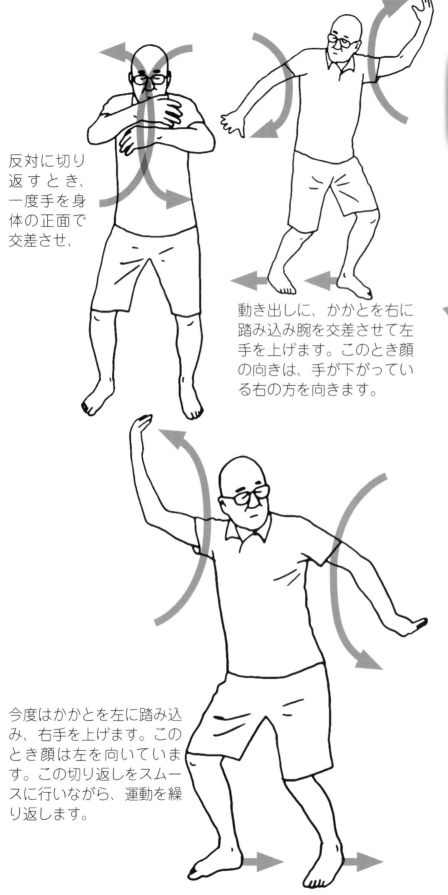

首や身体のどこか局部に力が入っていると、運動がスムースに行えません。動きを滑らかにすることに注目し、骨意識で動きましょう。こうすることで無駄な力の抜けた状態を感じることができます。その状態をヴァイオリン演奏で再現するのです。

かかとを右に踏み込むときにダウン・ボウで弾きます。

反対に左に踏み込むときにアップ・ボウです。

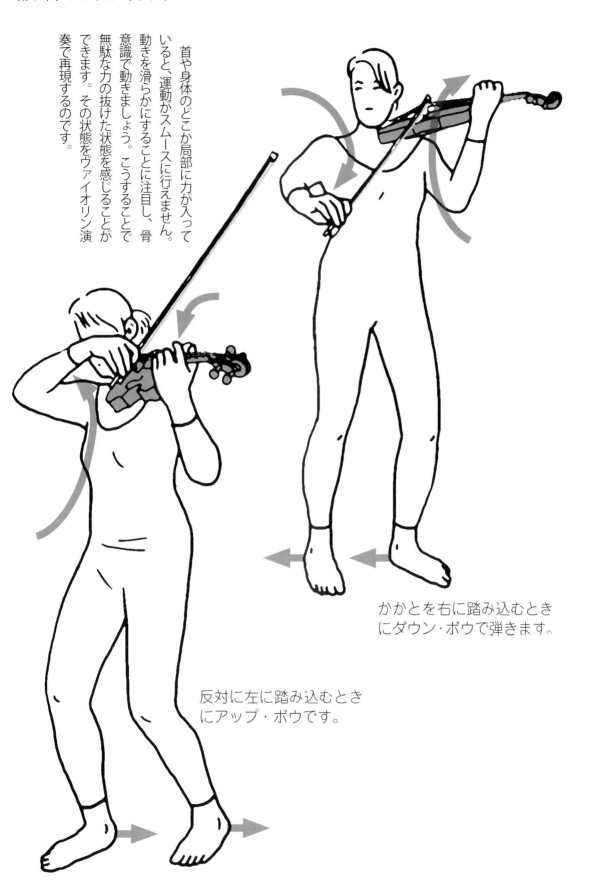

ムーヴメント 7

ブラブラ横振り

ヴァイオリン効果

脱力したバランスのよい身体使いで演奏できるようになる。

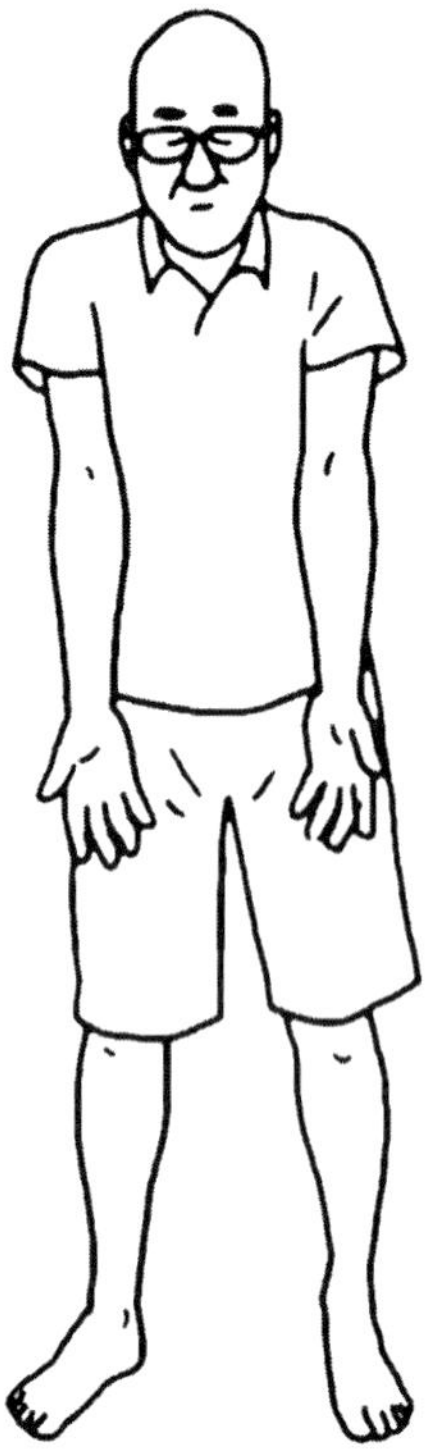

脚を少し開いて立ちます

かかとを左に踏み込みながら右に回転し両手を上げ、バランスをとるために腰を後ろに引きます。頭上から見て肩のラインと腰のラインが平行に動くことが重要です。

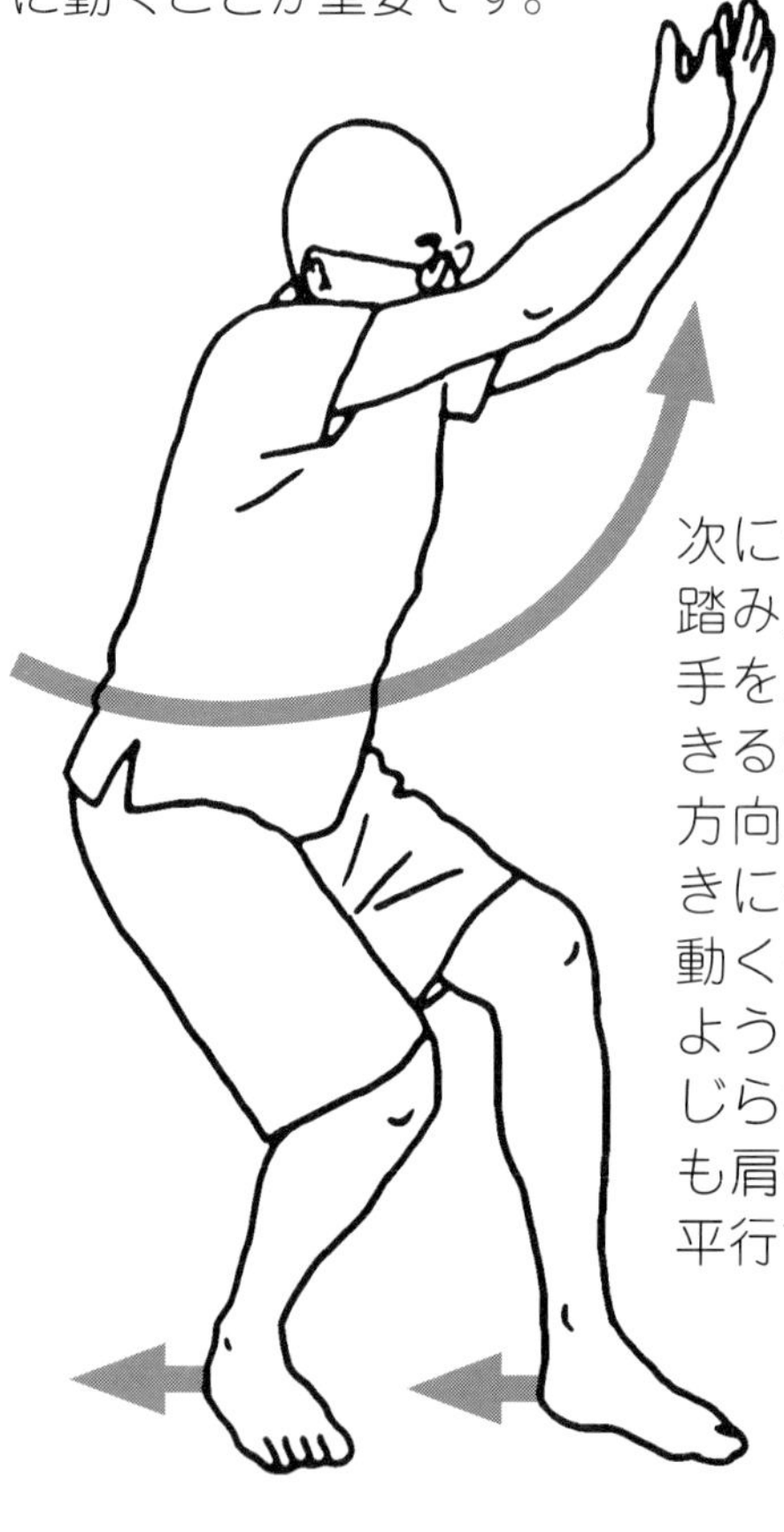

次に切り返し、かかとを右に踏み込みながら左に回転し両手を上げて腰を引きます。できるだけスムースに切り返し、方向転換を行います。脚の動きに伴い上半身も同じように動くイメージで、ねじらないようにしましょう。身体をねじらないというのは、いつでも肩のラインと腰のラインが平行であるということです。

立ってヴァイオリンを演奏するときのバランスのよい身体の使い方に応用できます。

※ボウイングのダウン・アップに対して、ムーヴメント6と踏み込む脚が左右逆になりますが、つねにバランスをとって動くためには、7つのムーヴメントすべてが大事な動きとなります。

右に切り返すときにダウン・ボウで弾くイメージです。

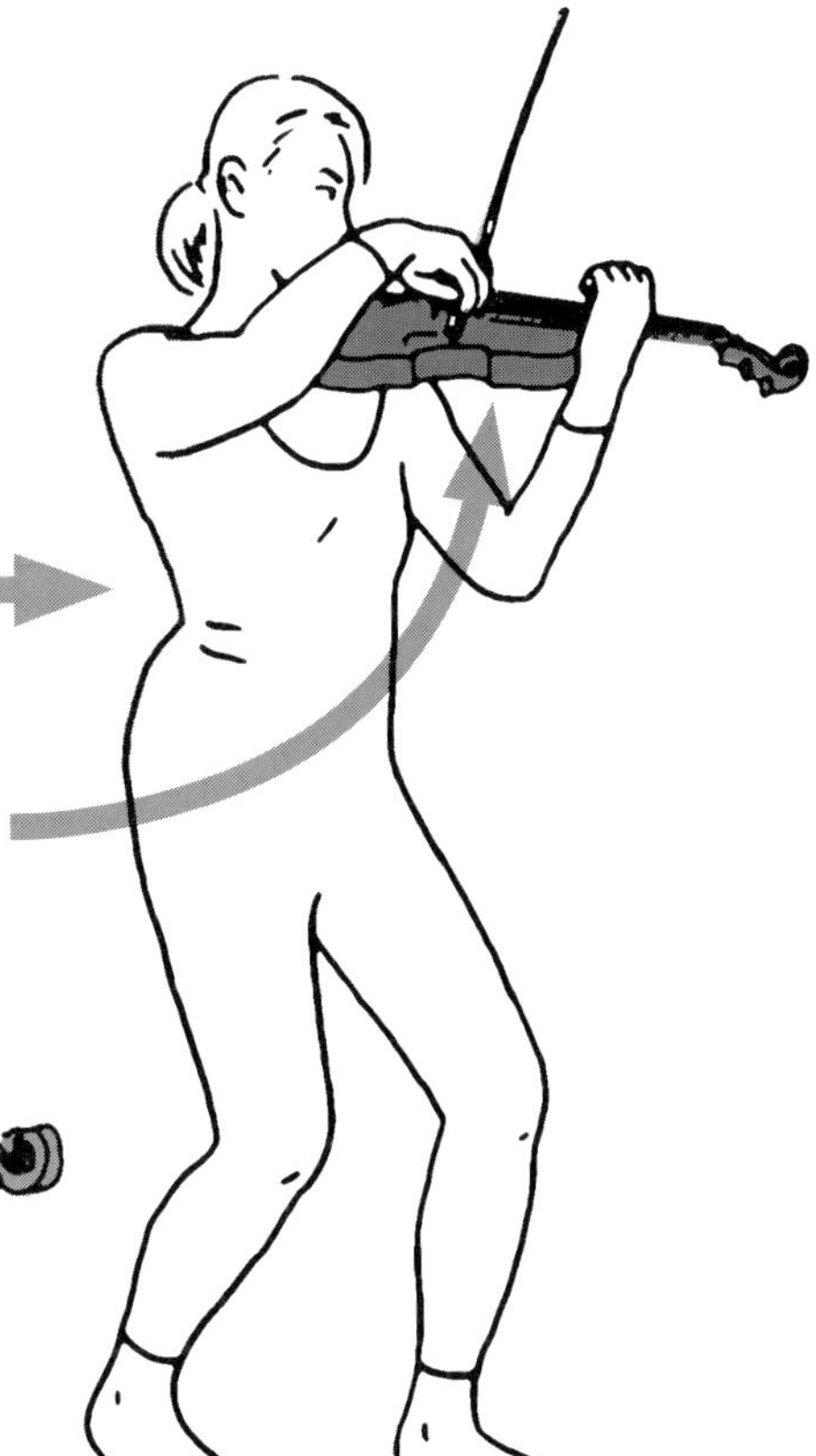

実際にヴァイオリンを持って弾いてみましょう。

実際にヴァイオリンを弾くときにこのように大きな動きをするわけではありませんが、これらのムーヴメントで身体の流れを感じられたら、あとはそれをイメージをするだけで演奏が向上します。

そして、この7つのムーヴメントを統合するとさらにすばらしい演奏が可能になりますので、自身の身体と対話しながら答えを見つけていくとよいでしょう。

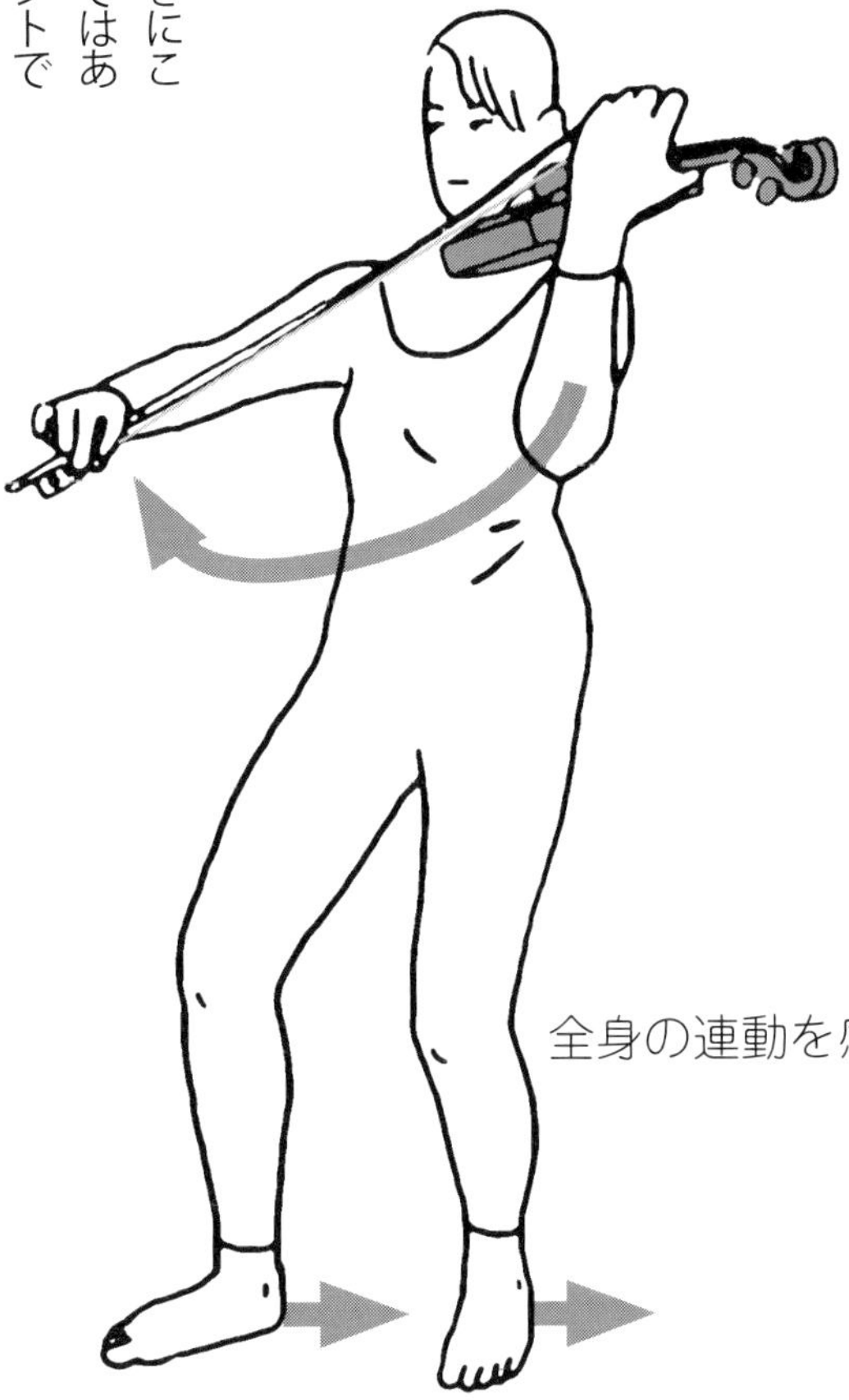

全身の連動を感じて。

ヴァイオリンのテクニック――ケース・スタディ

それでは、実際にヴァイオリンを弾くときにこれまでの体操をどのように生かせるのか、具体的な事例で見ていきましょう。
（遠藤記代子）

ケース・スタディ1

弓が自然に持てない

「7つのムーヴメント」の『4. スルスル屈伸』と『7. ブラブラ横振り』の応用になります。ぜひ、これらの体操を行って身体の流れをよくしてから取り組んでください。

弓に見立てた、弓と同じサイズの丸棒を用います（フルサイズの楽器の場合、直径1センチ×75センチです。ホームセンターなどで入手できます）。

まず、両手3本指で棒を構えてください。親指、中指、薬指の3本で構えます。

そのまま3本の指で、クルクルと回します。指の関節が曲がるくらいの力加減にしてください。関節が曲がらない場合、棒を強く持ちすぎています。

これが弓を美しく持てない原因のひとつです。

棒の回転に指がついて行くような感覚で行えると理想です。

これができたら、指先だけで回していたものを徐々に大きな動きにしていきましょう。指先から手首の動きへ、さらに肘から肩、そして全身の動きへと大きくしていきます。

全身の大きな動きは、『4. スルスル屈伸』と同じです。腕を持ち上げるときに、膝を曲げます。腕を下げた状

親指、中指、薬指の3本で構える

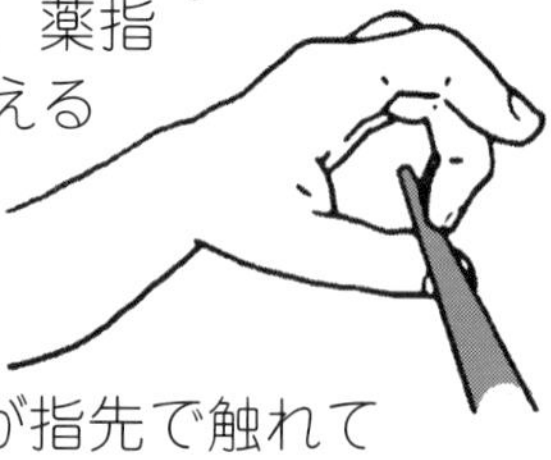

上の指2本が指先で触れているとき、親指は第1関節が棒に接している

3本の指でクルクルと回す

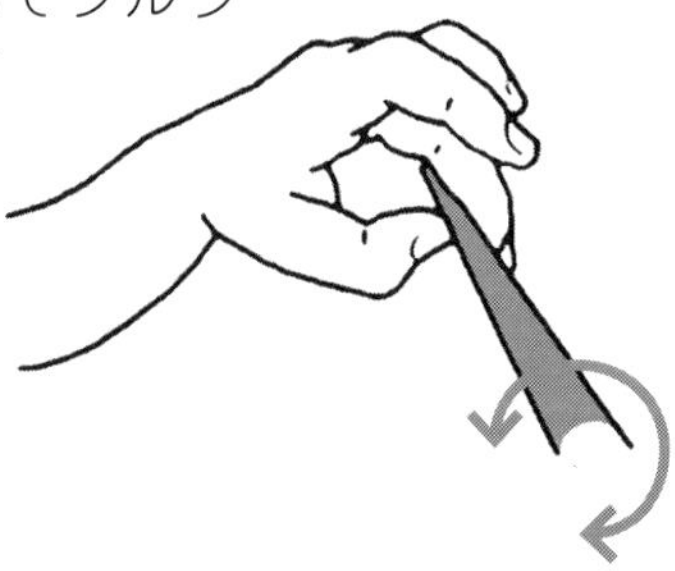

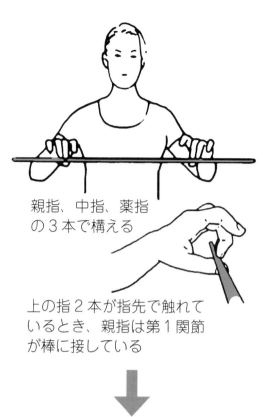

態で体操を終えてください。指先から全身へ、身体をひとまとまりに動かせていれば、自然に弓を持つことができています。

そして『7．ブラブラ横振り』を行ったときのように、上腕が心地よくぶら下がっているのを感じてください。それができたら楽器に持ち替え、セヴィシック作品6－1のNo.1～2をゆっくり弾いてみるのがお勧めです。中弓も、先弓も、元弓も、どこにも力みが生じない腕になっていれば、弓の持ち方は成功です。

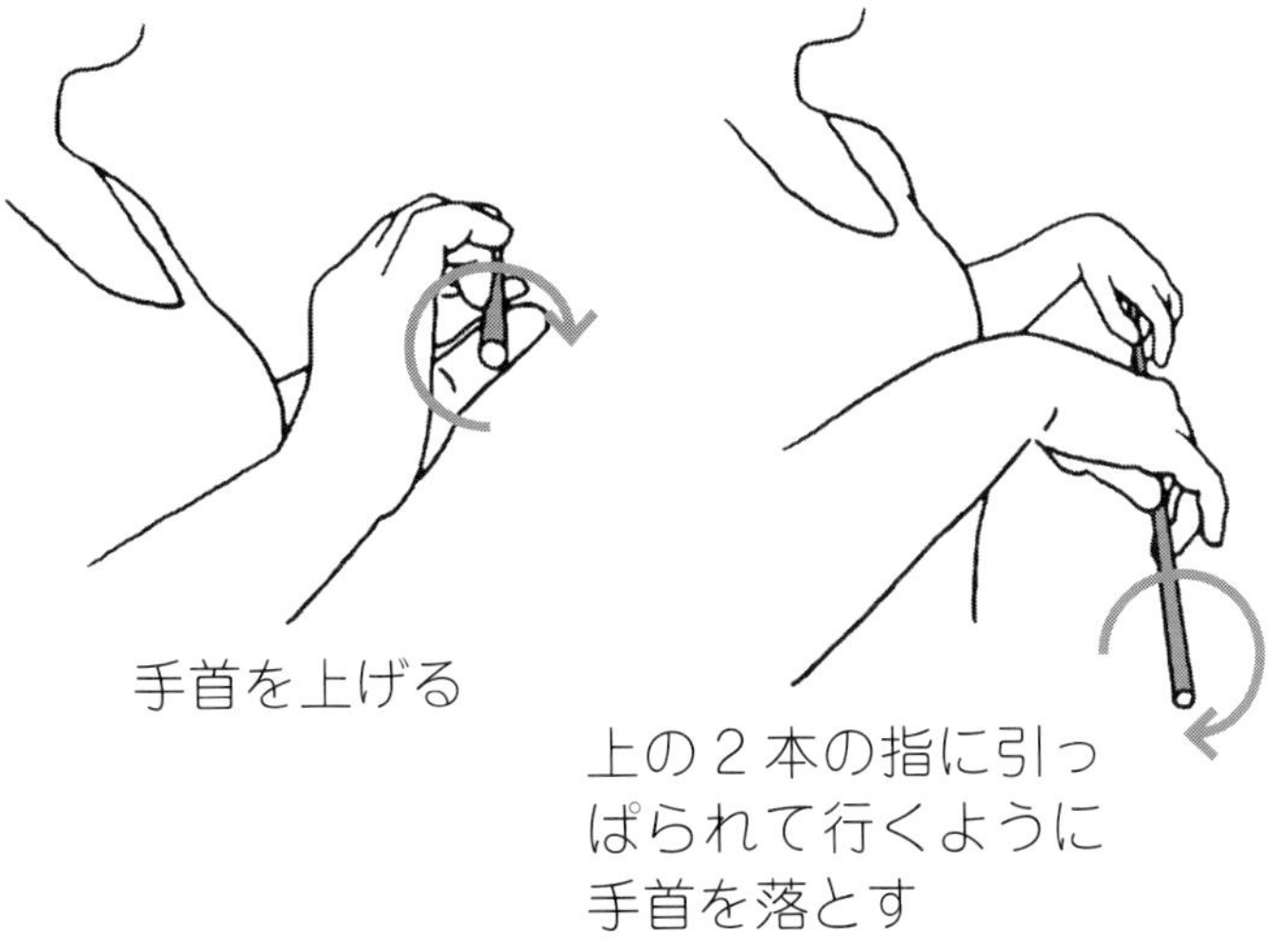
手首を上げる
上の２本の指に引っぱられて行くように手首を落とす

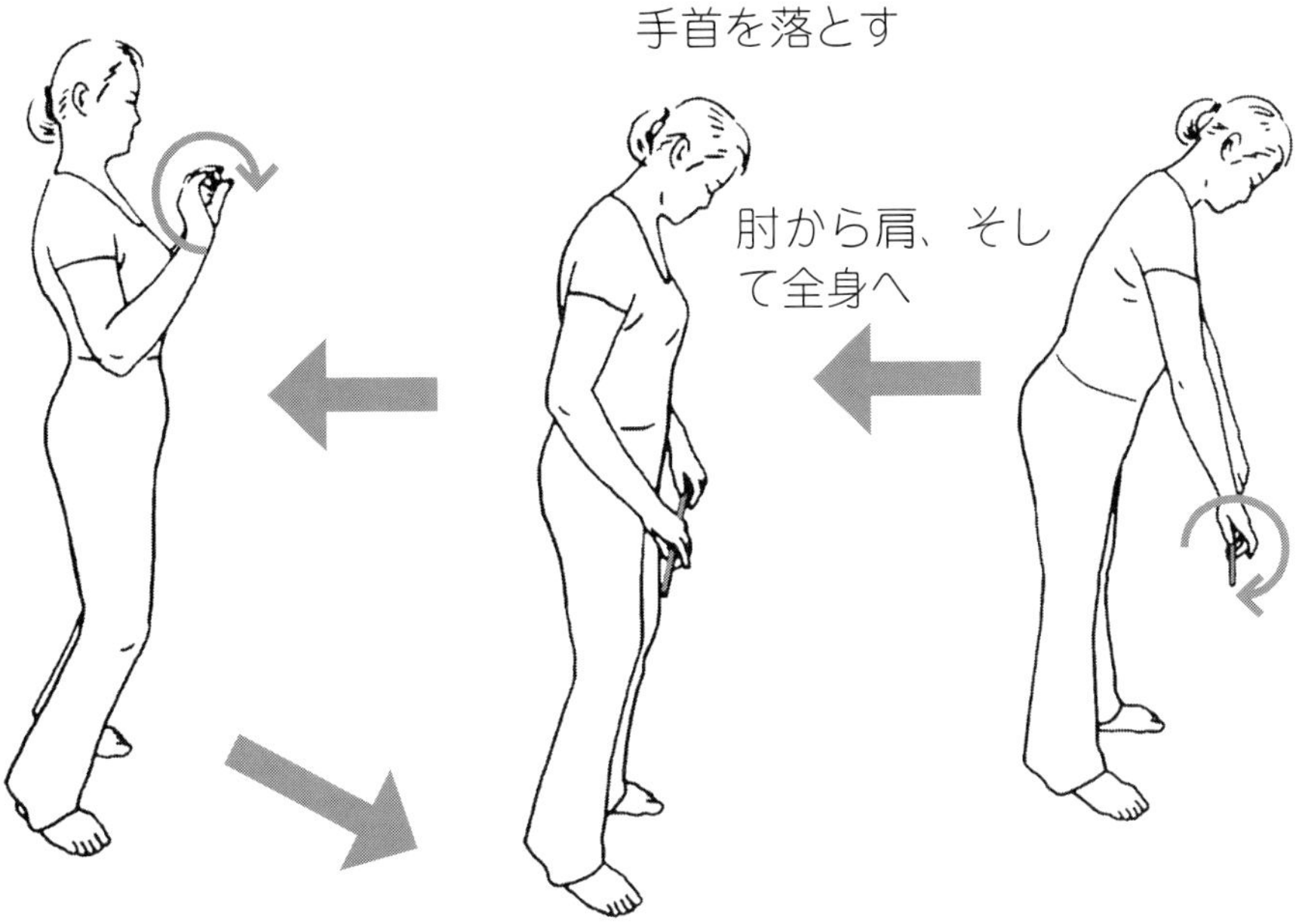
肘から肩、そして全身へ

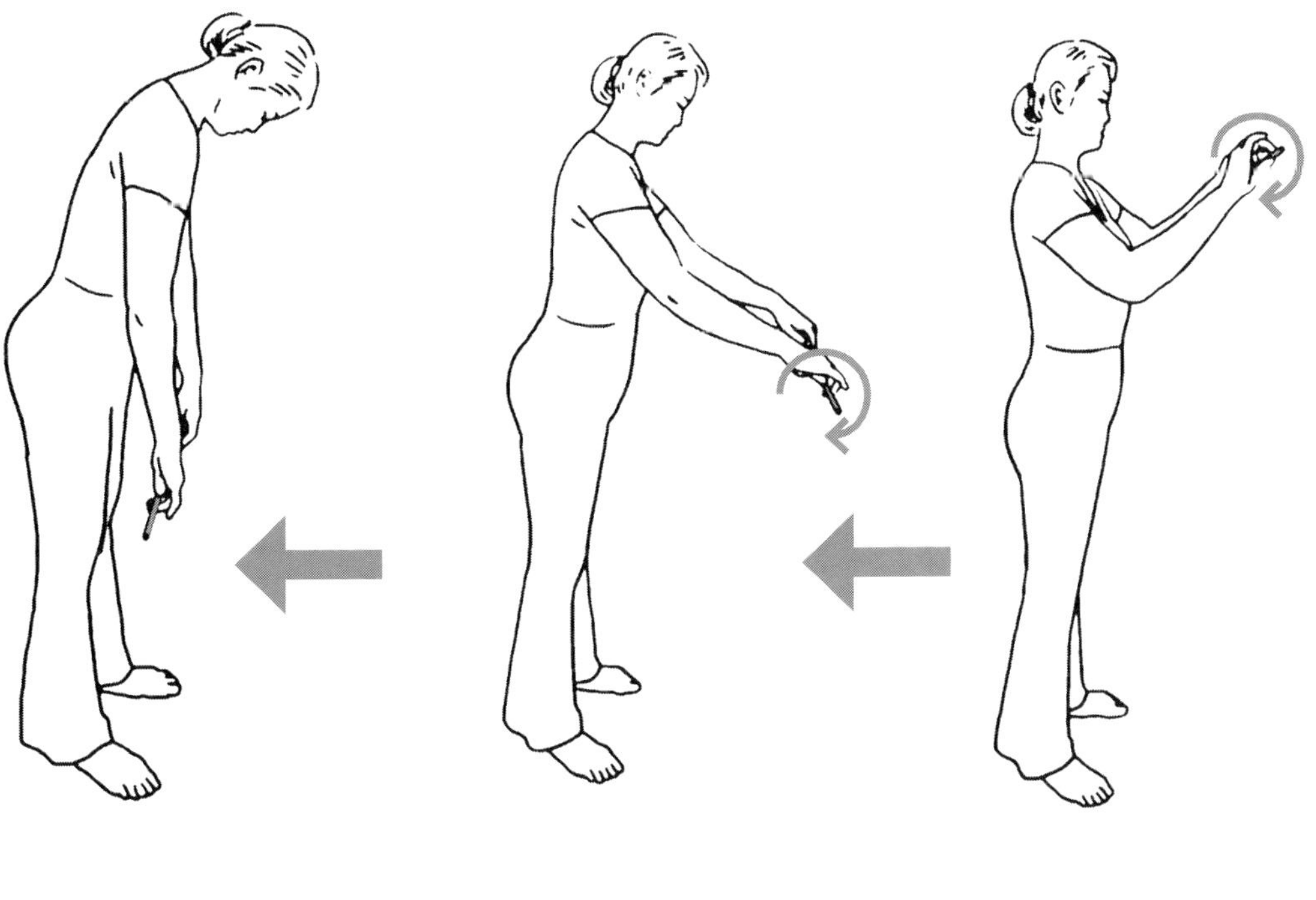

ポジション移動&ヴィブラートが滑らかにできない

左手の動き3つ（指の上げ下げ、ポジション移動、ヴィブラート）は、それぞれ独立したテクニックではありません。この3つは同じテクニックです。

まず「7つのムーヴメント」より『2.サッサトステップ』を行います。脚を入れ替えるときに生じる膝の柔らかさを保ったまま、ふんわりと立ってください。

左手の動きのコツは、指・手首・肘・肩甲骨を連動させて使うことですが、これには肋骨の柔らかさ、下半身との調和も鍵になります。

では「柔らかく身体を動かす」とはどういうことか、少し考えてみましょう。

その場に立ってみてください。そして、柔らかく、右に一歩踏み出してみてください。

「柔らかく、右に」動こうとしたとき、身体は自然に「左へ」円を描いて動きませんでしたか？　これは書道でも居合でも同じです。人は力まずに「柔らかく」身体を使おうとしたとき、その動きは円を描くのです。

同じように、ヴァイオリンの左手の動きも、余計な力を入れずに動こうとすれば、円を描きます。この感覚に慣れるまでは、まずは大袈裟なくらいの動きで練習しておくとよいでしょう。

丸棒をヴァイオリンに見立てて持ちます。腕の体操なので左手は親指・人差し指・中指で棒の真ん中あたりを持ってください。この段階ですべての指が棒につく必要はありません。イラストのように手首を出し、そして引っ込めてみます。今度は肘を内側へ伸ばし、そのあと外側にも伸ばします。

この「手首を出す・引っ込める」「肘

①手首を出す
（横から見たとき）

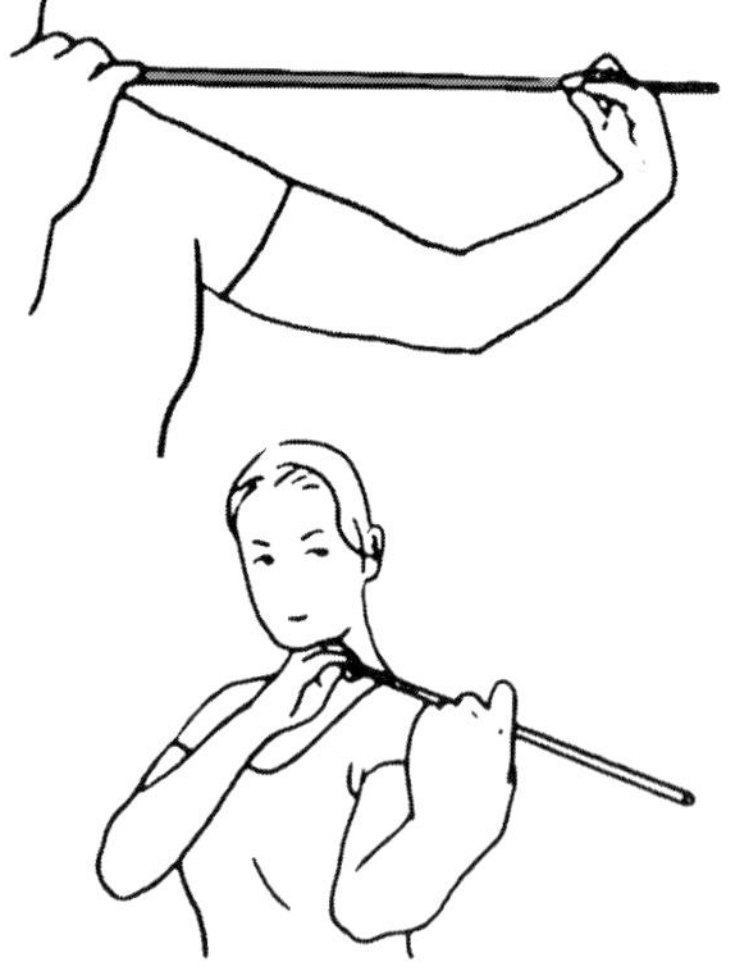

②手首を引っ込める
（横から見たとき）

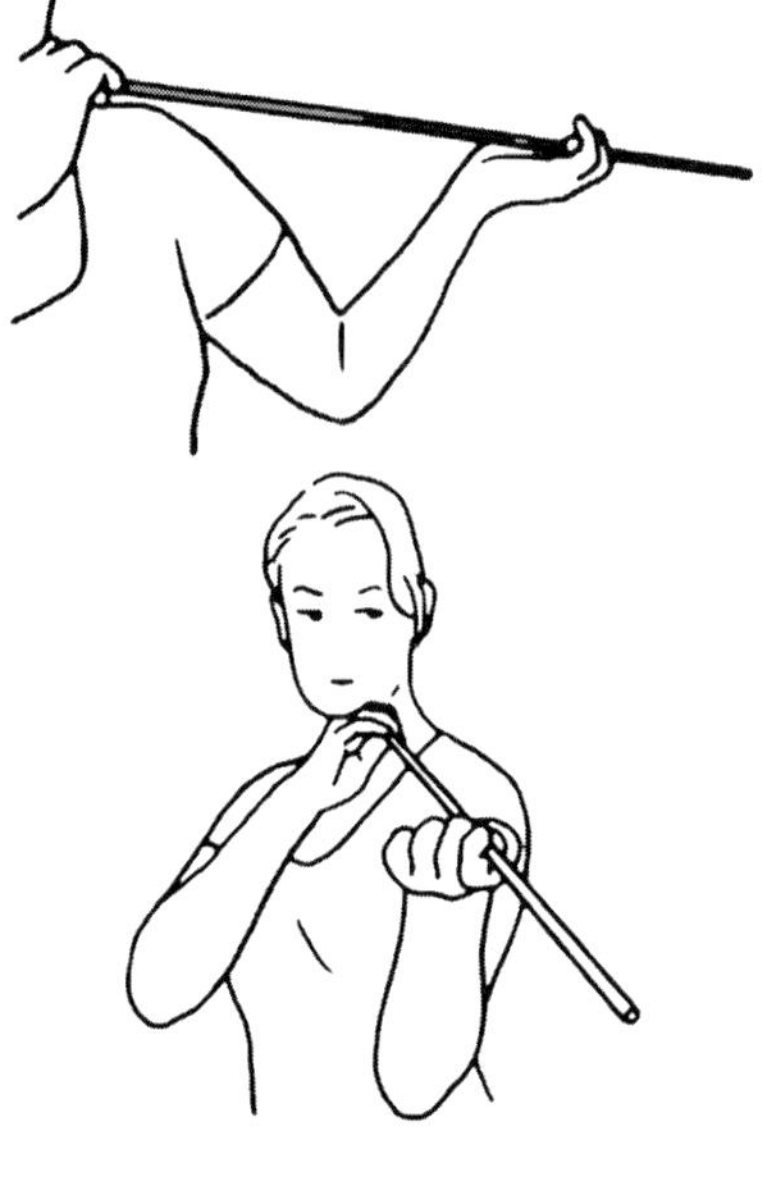

を内側・外側に伸ばす」の４点を順番に通るように腕を回してみましょう。

　これはあくまでも体操ですが、演奏中の左手はつねにこのように「回し」ながら使います。指の上げ下げ・ポジション移動・ヴィブラートすべてがこの体操の効果で滑らかになります。

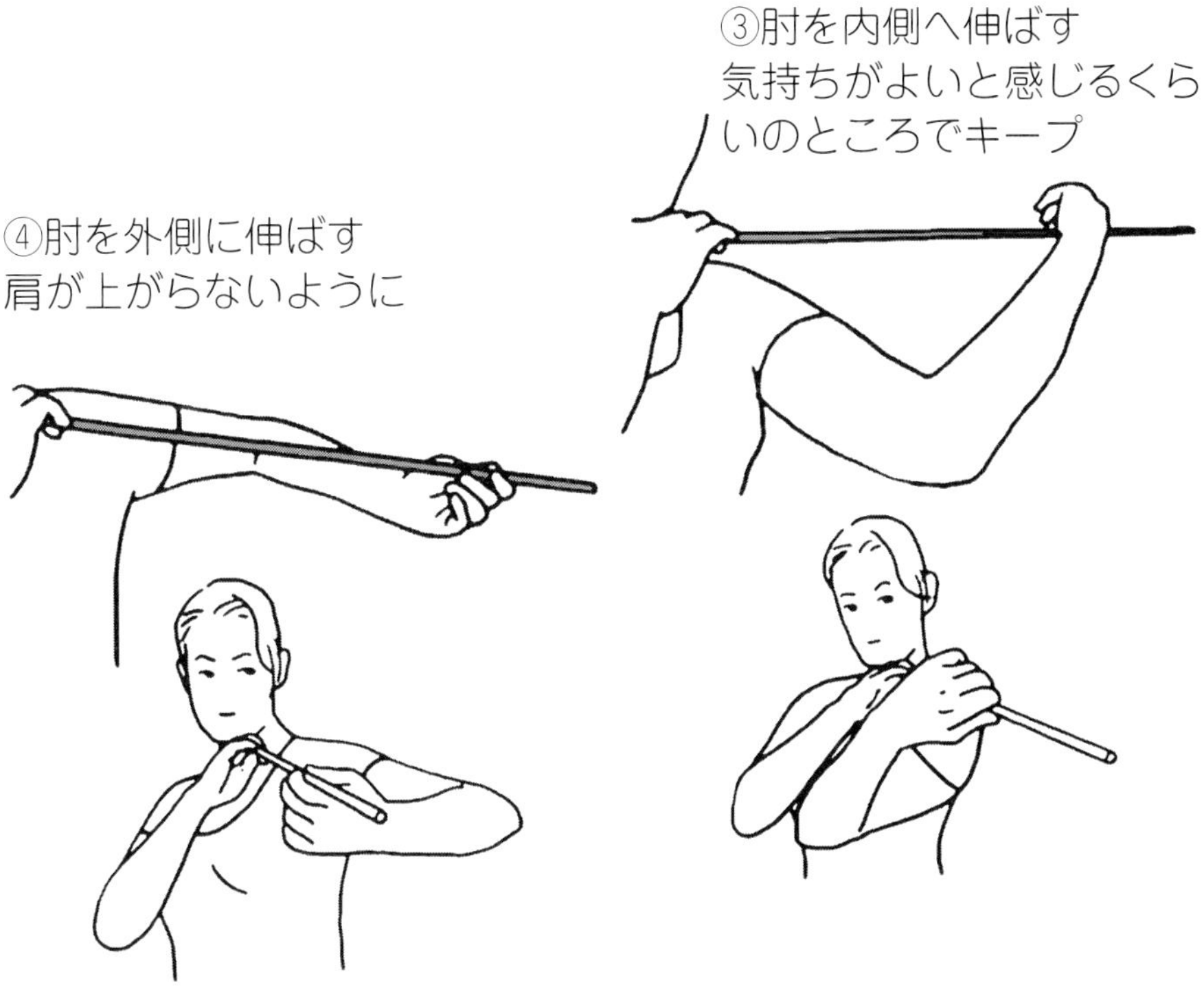

④肘を外側に伸ばす
肩が上がらないように
③肘を内側へ伸ばす
気持ちがよいと感じるくらいのところでキープ

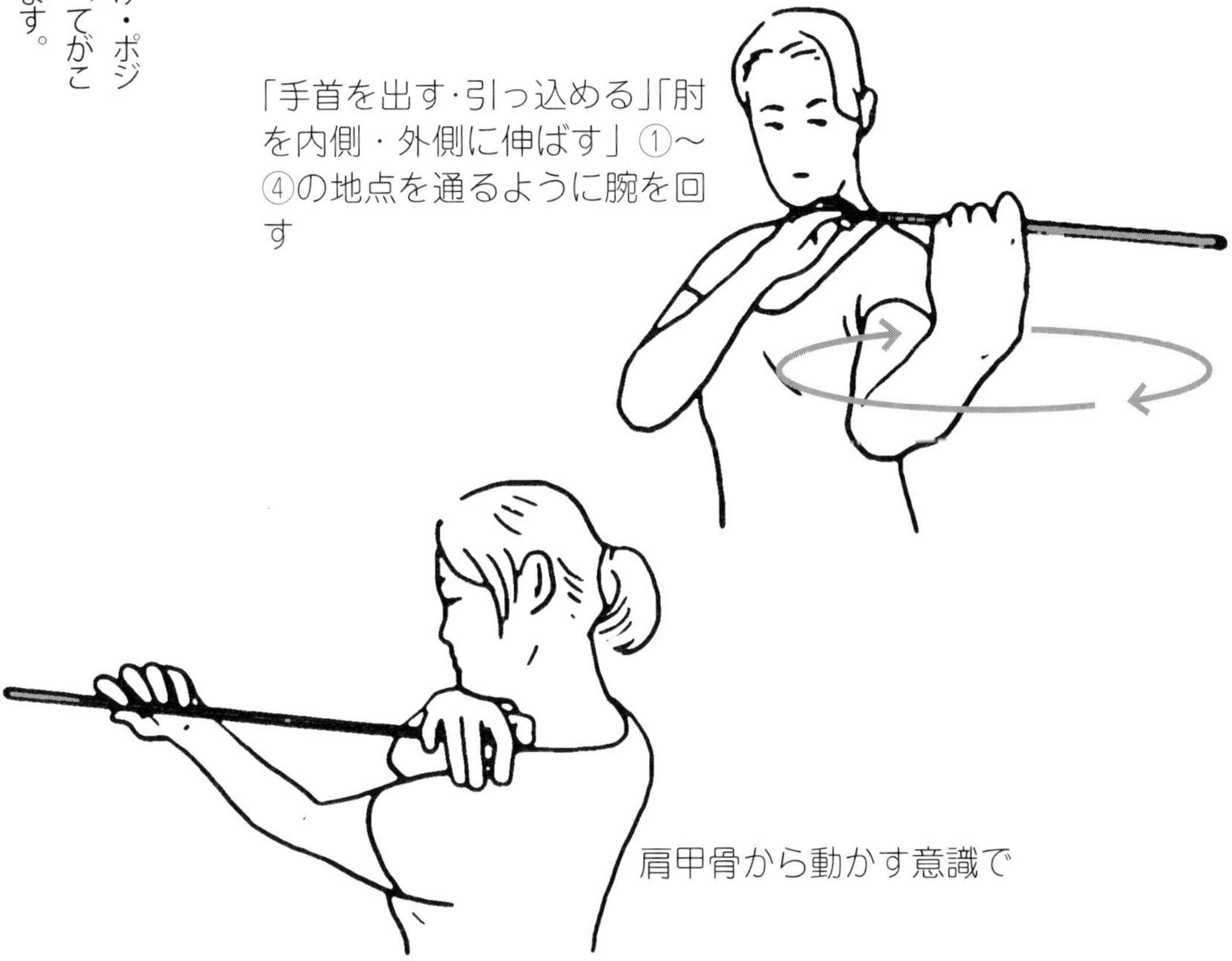

「手首を出す･引っ込める」「肘を内側・外側に伸ばす」①〜④の地点を通るように腕を回す
肩甲骨から動かす意識で

ケース・スタディ3

座奏でうまく弾けない

座奏でよく見かける間違った姿勢は、「下半身を固める」「股関節をブロックする」「背中を丸める」というものです。椅子に浅く腰掛けたり、前かがみになったり、右脚を引いたり、椅子に斜め座りをしたり、股関節に力を入れて踏ん張るような姿勢も身体全体をこわばらせてしまい、全身の連動を止めてしまうのでよくありません。

そこで、座った状態でも全身が連動し、演奏がよくなる方法を紹介します。「12の骨体操」を、椅子に腰掛けて行います。

まず、『1．骨盤の前後調整』です。手で腰を支え、腰を後ろに出したり引っ込めたりと、前後に動かします。

『2．骨盤の横調整』と『3．左右方向転換』も座ったまま行うことができます。『4．胸郭の調整』から『8．卍（まんじ）』についても、座った状態で行うことができます。

『9．股関節への刺激』や『11．足裏のバランス調整』なども、座った状態でできないだろうかと自分なりに工

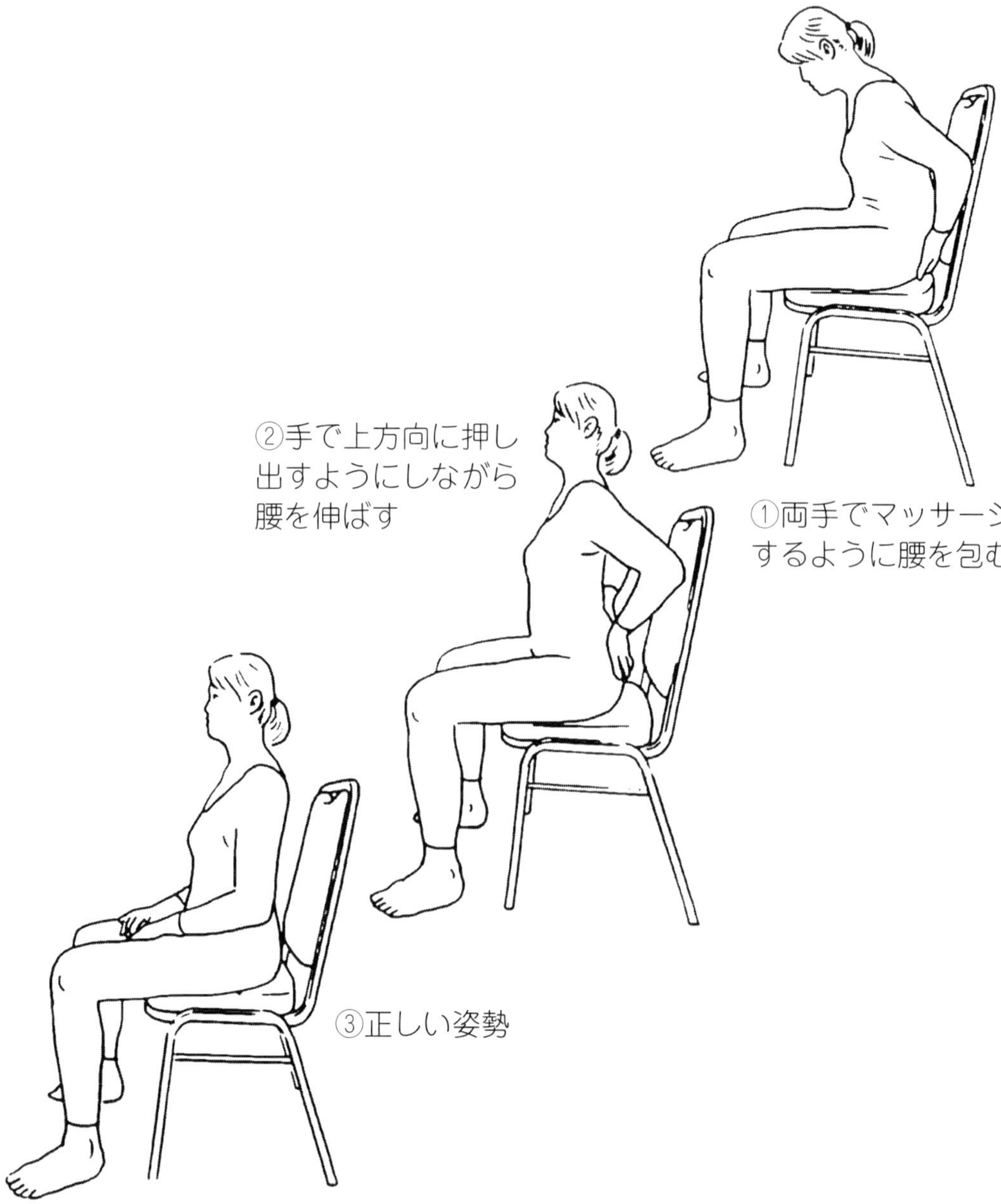

①両手でマッサージするように腰を包む

②手で上方向に押し出すようにしながら腰を伸ばす

③正しい姿勢

夫してみてください。

椅子の上でさまざまな動きを工夫しているうちに、椅子との関係がよくなっています。いろいろ試して身体がほぐれたら、最後に深呼吸をし、「骨盤の上に、胸郭が乗っている。さらにその上に、頭蓋骨が乗っている」と改めて感じてください。楽器を構えても、弾く前にこのことを確認してみてください。これで自然な座奏姿勢の完成です。

また、「7つのムーヴメント」も座ったまま行うことができますので、ぜひ演奏前に椅子の上でやってみてください。身体が自在に使えるようになります。

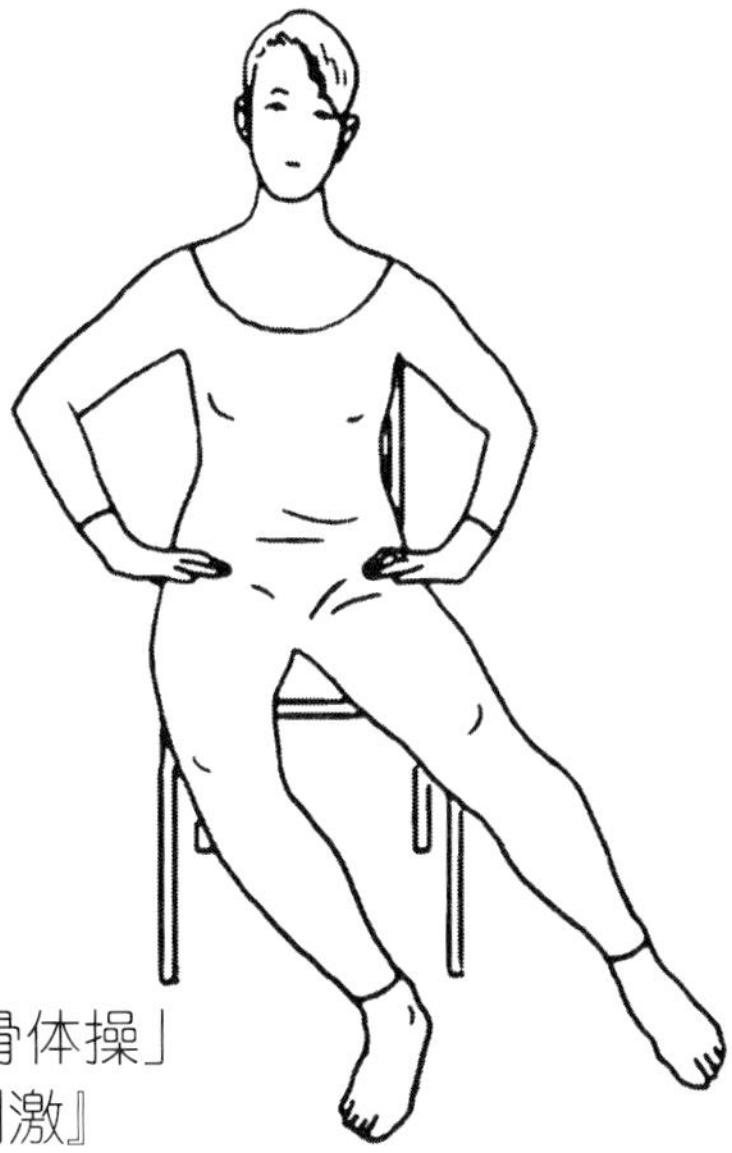

座った状態で「12の骨体操」の『9．股関節への刺激』

足裏全面を床につけたまま、脚を色々な方向へ滑らせるように動かすと、自然に股関節がほぐせる。少し浅めに腰掛けるとやりやすい

【正しい姿勢】

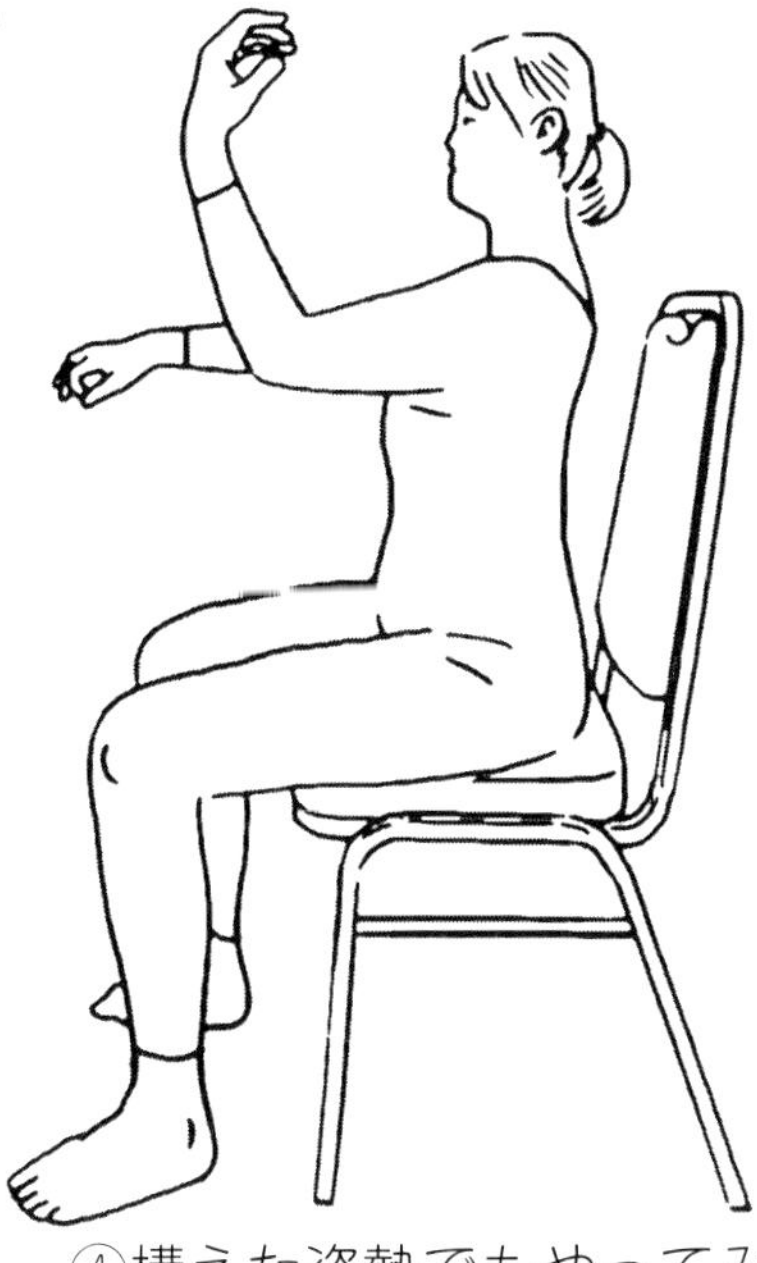

【悪い姿勢】

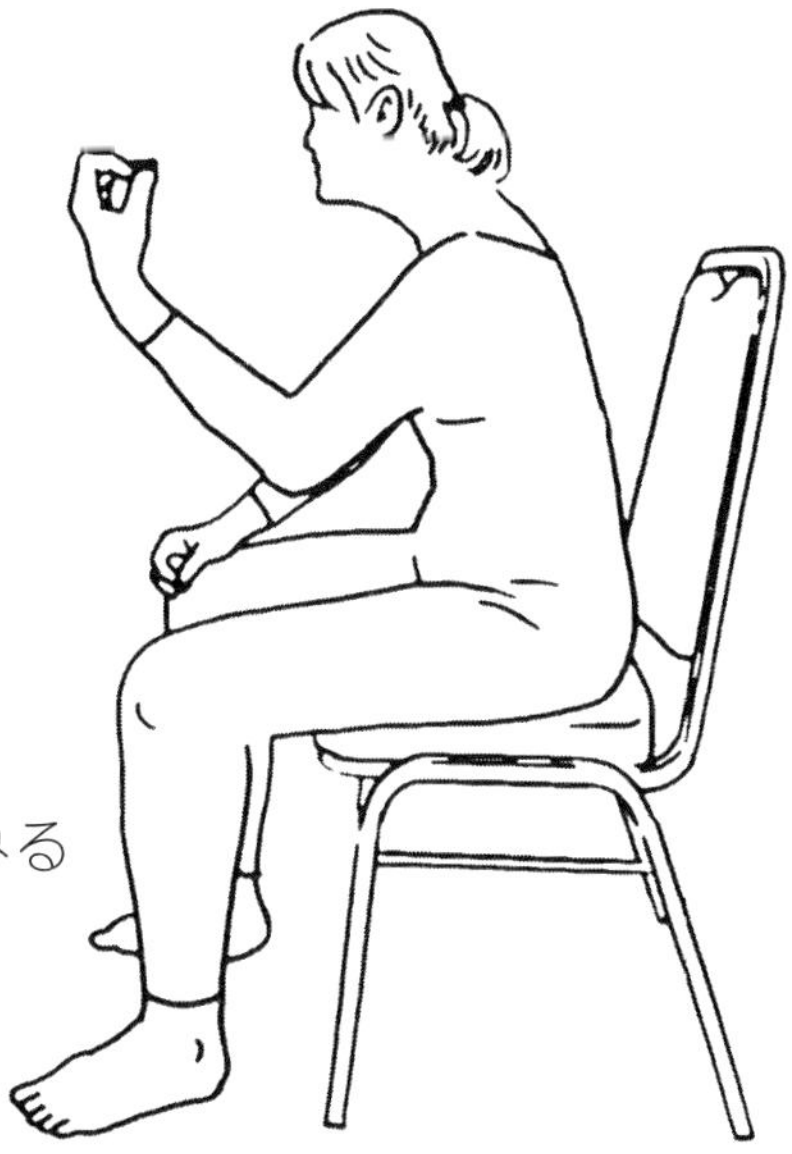

④構えた姿勢でもやってみる

ケース・スタディ4

高音の伸びがない

高音の伸びがない人は、右の腕だけで弾こうとしている傾向がありますので、「7つのムーヴメント」の『6．卍（まんじ）返し』を応用します。

ここで試しに『6．卍返し』を、左手を使わずに行ってみましょう。この体操を行うときは、手はしっかりとバスケットボールを掴んでいるような形にしてください。

次に、今度は左手も参加してください。

どうですか？ 両手で行う方が、身体が軽くて動きやすいことがわかりますね。これは、身体が「調和」のとれている状態だからです。

ヴァイオリンもこれとまったく同じです。身体が調和してくれるように、次のような練習をします。

高音の伸びがなくて悩んでいるパッセージを取り出します。はじめは弓はまったく動かさないようにして、楽器のほうだけ動かして弾きます。うまく弾けなくてもよいので、頑張ってやってみてください。

ダウン・ボウの音なら、楽器を左回しにします。大きく回さないと弓に当たりません。『卍返し』の要領で、腕は鎖骨から動かします。普段左側を固めている人ほど苦労します。しかし要領がつかめたら、次は両手で普通に弾いてみてください。

どうでしょう？ 左右の手の、なんとも言えないすばらしい「調和」が感じられ、輝かしい音で演奏できたことでしょう！

「身体全体を使って演奏する」とはよく聞く言葉ですが、その真意は「全身を調和させる」ということなのです。

左側を固めている状態

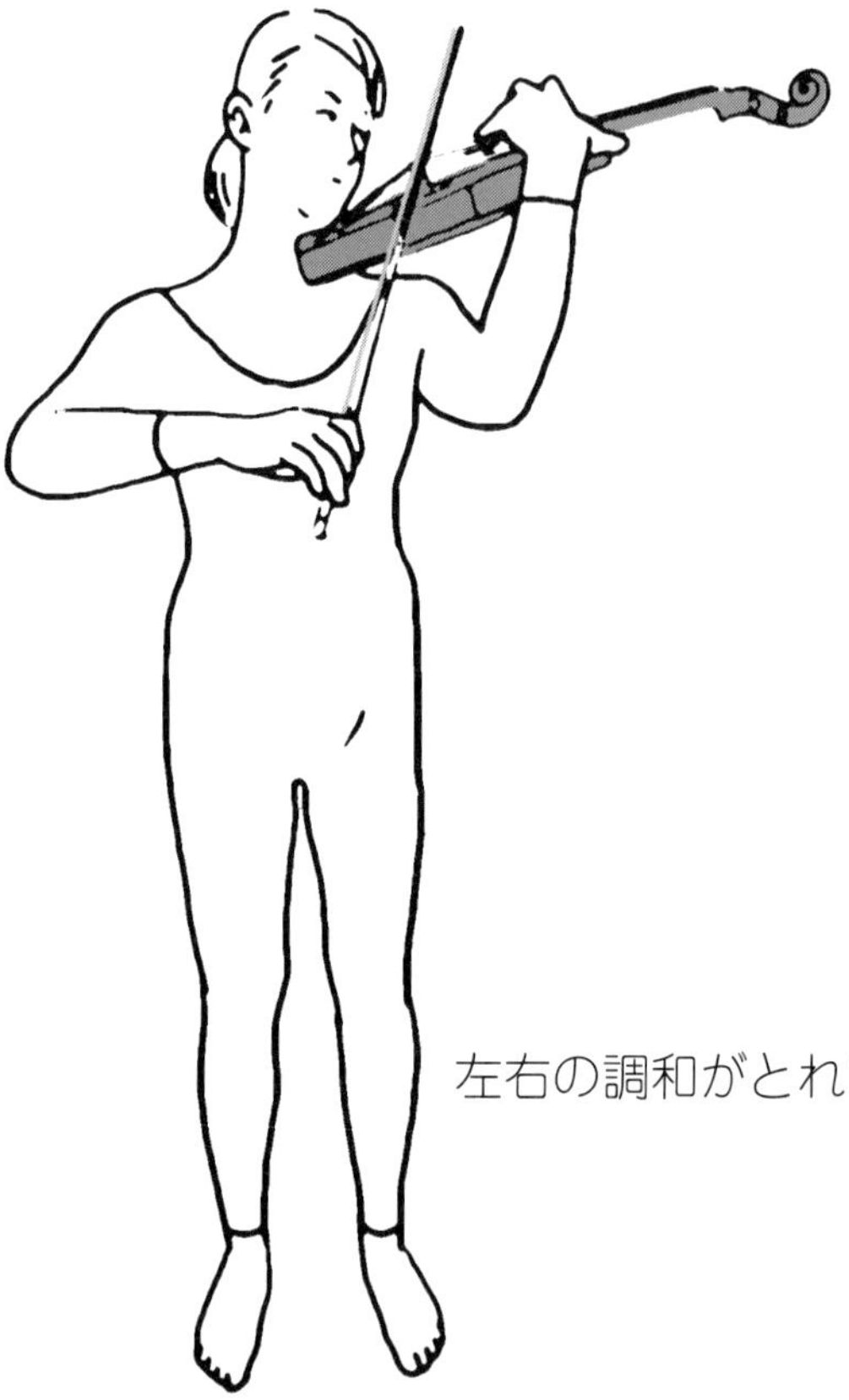

左右の調和がとれている状態

ケース・スタディ5

重音がうまく弾けない

「12の骨体操」の『5．胸郭を自然体に近づける』と「7つムーヴメント」の『1．ポカポカ駆け足』『3．フワフワ羽ばたき』『4．スルスル屈伸』『6．卍返し』などが応用できます。

2本以上の弦を一度に弓で弾くのが難しいのは、左右の手ともに、よい音の鳴る角度が制限されるからです。まずはヴァイオリンの最も基本の動きとなる『ポカポカ駆け足』『卍返し』『フワフワ羽ばたき』を行って、全身が調和し関節が滑らかになるように、準備をしてください。それから、次の手順で練習していきます。

左手

ケース・スタディ2と同じように、腕を回しながら、4本の指が楽に届く角度を見つけていきます。また、楽器の微妙な角度でも弾きやすさが変わりますので、それも考慮しながら探してください。

左指を弦に乗せたまましばらく腕をぐるぐる回し、指、手首、肘、肩甲骨を連動させて動かしているうちに、関節が滑らかになってきますから、左指のよい角度も楽に見つかるようになります。

右手

弓の持ち方がよくないと、苦手な角度が出てきてしまいます。また、重音を見ると急に弓に圧力をたくさんかける人がいますが、それもよくありません。力で解決させようとせず、丁寧に角度を探していくのです。よい角度を探すのは目ではなくて、耳や触覚を使います。（21p「五感の話」参照）

ケース・スタディ1の要領で、丸棒を使って自然な弓の持ち方からおさらいしてみてください。

そして次に楽器を手に取りますが、いきなり弾き出さずにもうひとつ右手の体操をしましょう。左手は楽器を構え、右手は弓を持たずに行います。

右手で手刀を作り、いろいろな高さでの水平運動をします。台を拭いているようなイメージで動かしましょう。手首、肘、肩甲骨が滑らかに連動して使えるようになり、重音の微細な弓の角度も、楽につかめるようになります。

これで身体の流れはできました。弓を取り、静かに弾いてみてください。これまでと明らかに感覚が違うはずです。

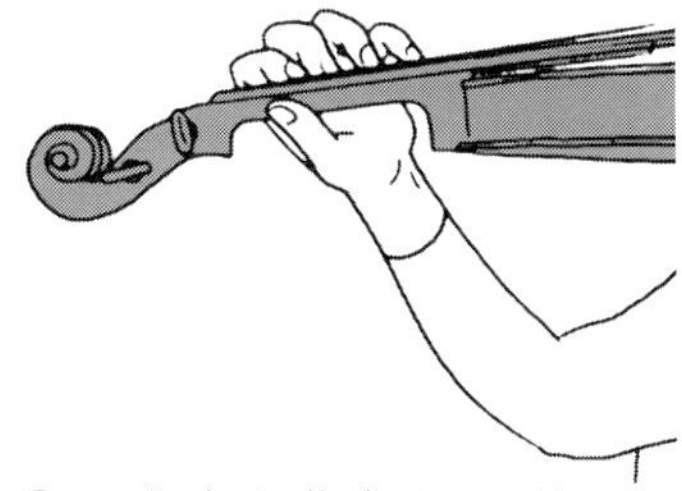

①４指とも指板にのせる

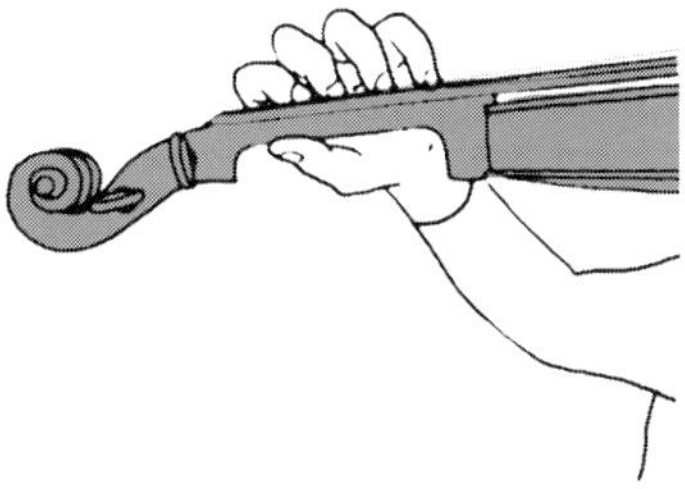

②角度を変えてみる

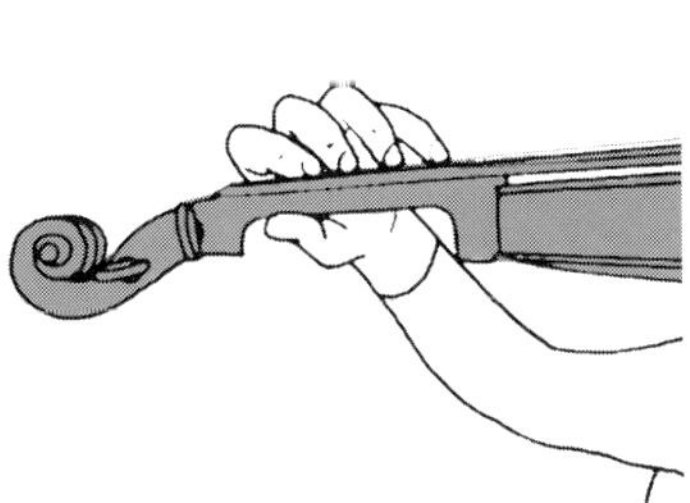

③４指とも楽に届く角度を見つける

弓がバタバタする

移弦やポジション移動があるパッセージが苦手な人、弓が跳ねてしまったり、速い全弓が苦手な人のための解決策です。

「12の骨体操」より『1．骨盤の前後調整』と「7つのムーヴメント」の『2．サッサトステップ』『7．ブラブラ横振り』などが応用できます。

解決策1

曲の中で速いデタシェ、速いポジション移動の箇所だけが弾けない場合、その部分を前屈したまま弾いてみましょう。

さらに、後屈をしたまま弾きます。重力がありますので、前屈（後屈）をしたときは弓で楽器を支えながら、楽器を落とさないように弾かなければなりません。この練習で、左右の手のよいコーディネーション感覚が身につ いたことがわかるでしょう。そのあと普通に弾いてみると、驚くほど弓がバタつかなくなりますので、ぜひ試してみてください。ケース・スタディ1の全身を連動させた動きが身についていれば、さらに弓と弦との力加減の絶妙のバランスが分かります。

解決策2

全体的につねに身体がギクシャクし、いつもバタバタしている人のための練習方法です。

まず、『サッサトステップ』を30秒行います。膝のゆるみ、重心の感覚をよく覚えておいて、その感覚のまま楽器を弾いてみましょう。

さっきまでバタバタ苦労して弾いていたのが嘘のように、落ちついた演奏になります。

解決策3

全弓になると身体が硬直してしまう人がいます。そのような人は、まずは『ブラブラ横振り』を気持ちよく行えるように研究してみてください。これ

前屈で弾く

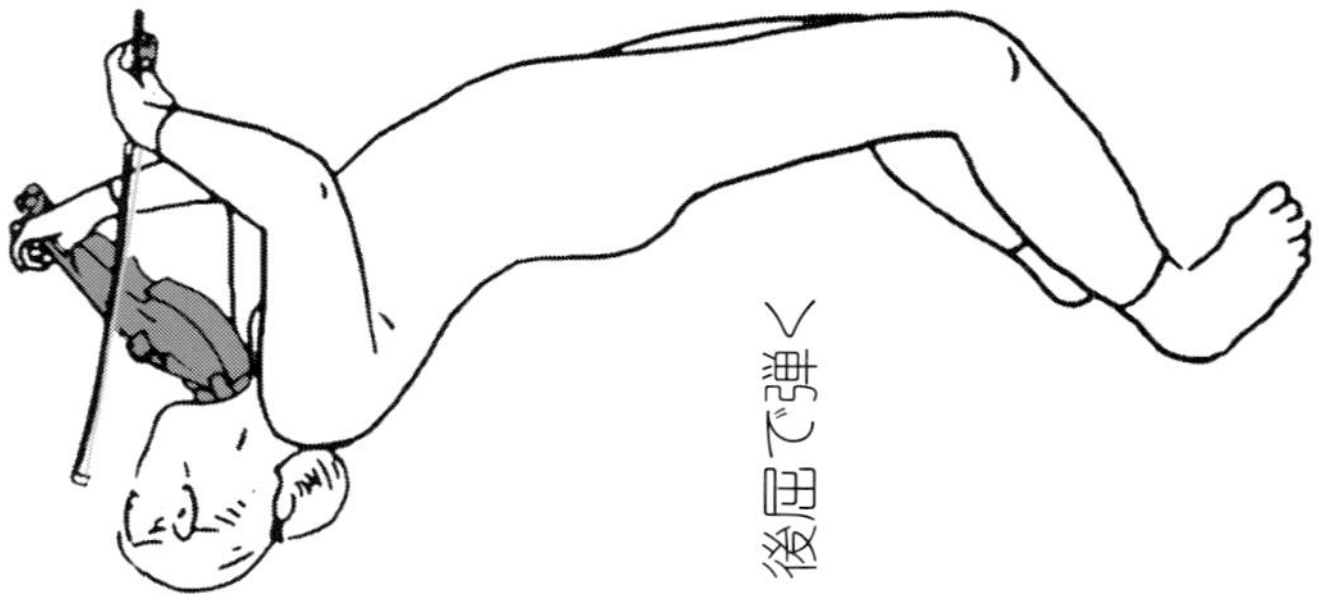

後屈で弾く

は、全弓が楽に使えるようになる一番よい体操です。

　また、速いボウイングのコツは、元弓に置いたら「先弓の形」を既にイメージしていること。先弓に到達したら、もう「元弓の形」をイメージしていることです。その間のことを考えすぎると迷いが生じ、腕に余計な力が入るなど無駄なことをしてしまいます。

　そして、下半身の助けなしに腕だけで弾こうとする人も上手にボウイングができませんから、『ブラブラ横振り』で全身を使う感覚をよく養っておくとよいでしょう。

ケース・スタディ7

右手の手首を柔らかくしたい

「7つのムーヴメント」の『1．ポカポカ駆け足』『4．スルスル屈伸』『5．ウキウキジャンプ』『7．ブラブラ横振り』などが応用できます。

　左手のヴィブラートや右手のスピッカート、または滑らかな移弦のときに「手首を柔らかく使いなさい」と注意されることが多いでしょう。このとき「手首に集中させられてしまっているために、手首が動かない」という状態に陥っていることが往々にしてあります。

　全身運動である『ポカポカ駆け足』『スルスル屈伸』『ウキウキジャンプ』『ブラブラ横振り』を楽しく行うと、手首は自然に柔らかく使えるようになります。

　たとえば、水で手を洗ったあとの「水を切る」という動作をしてみてください。柔らかく手首を使っていますが、この動作は肘や肩から行っていることが感じられますか？

　ヴァイオリンもまったく同じです。柔らかく手首を使いたいと思ったら、意識的に手首をクネクネさせるのはやめ、肘や肩甲骨から動きを起こします。そうすると、手首を柔らかく使えるようになります。

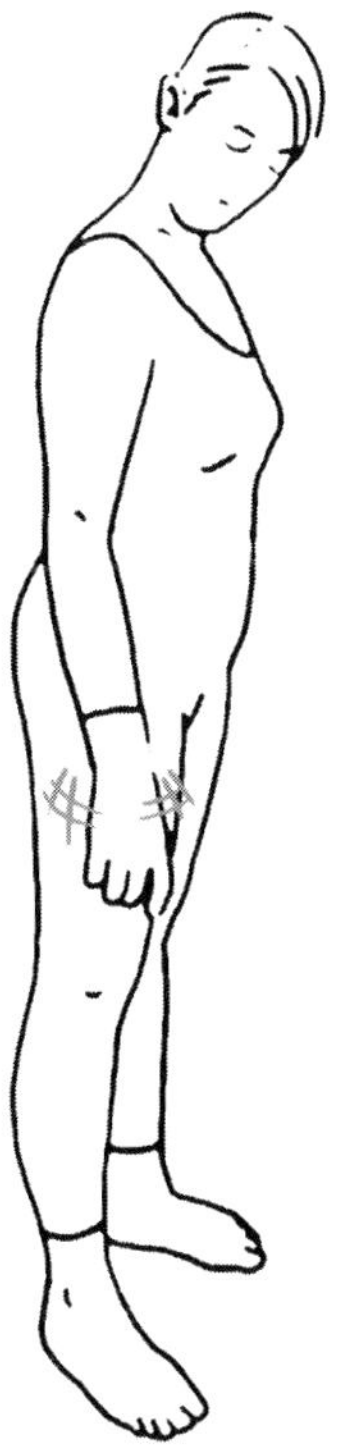

手首が自然に柔らかくなる

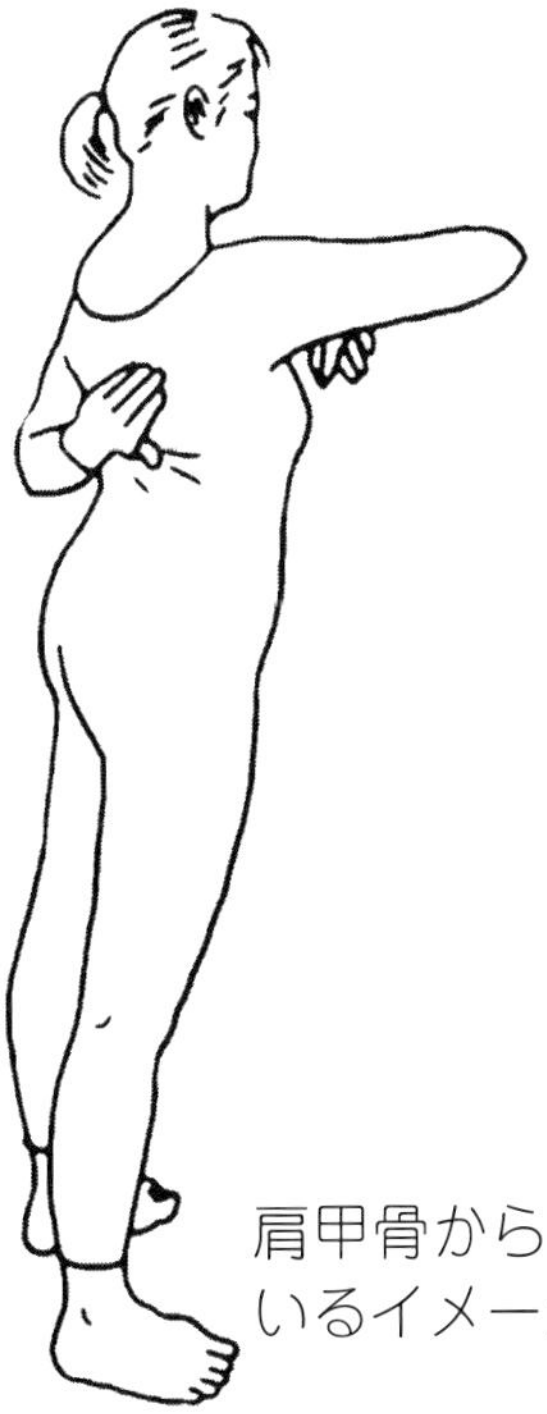

肩甲骨から連動しているイメージを持つ

ケース・スタディ8

本番で緊張してしまう

「緊張しなければ上手く弾けるのに！」「本番に強くなる体操ありませんか？」「2回弾いてよいなら、もっと上手いのに」

「緊張」してアガり、上手く弾けなくて悔しいというのはプロ／アマ共通の思いです。そこで、桐朋学園にて矢野龍彦教授から受けた授業で、当時高校生だった私も大変助けられたメンタル・トレーニングを教室の生徒向けにアレンジし、レッスンすることにしました。対象が大人のアマチュア奏者ですので進度はゆっくりですが、軌道に乗った生徒は3年も経てば本番に強くなります。実際、ほとんどの生徒たちがケロリとした顔で「本番に緊張しなくなってきた」と言うようになりました。私から見ると、確かに「緊張」はしているのですが緊張の質がよくなったということで、生徒たちはこれを緊張と呼ばなくなったのでしょう。代わりに「静かな気迫」とでも言い換えられるでしょうか。

ここに、実際レッスンで繰り返し言い聞かせ、実践させ、また、指導者向けにたびたび講座として開催している「大人のアマチュア奏者のためのアガり対策」をルールとしてまとめました。

ここで重要なことは「緊張せずに集中した演奏をすることはできない」ということです。「緊張」はよいものです。そこを間違えないようにしてください。分かりやすくするために、「緊張」と「アガり」という言葉に使い分けました。ここでの「アガり」は〝集中していない状態〟のことを指しています。

ルール1 無理のないスケジュールを組む

「ああ、練習できていない」と後ろめたい思いが積み重なることは、本番でのアガりを呼んでしまいます。まずは無理のない音楽環境と気持ちを整えるために、練習記録ノートをつけます。

ルール2 発表会は4年で一周する

レッスン曲を「小品・コンチェルト・無伴奏・ソナタ」の順にローテーションを組むルールを先生と決めます。軌道に乗ると、一時期に同時に、無理なく4曲のレパートリーができることになります。発表会以外での突然の本番に気軽に参加することができるようになります。

ルール3 発表会が終わったら、次のレッスンも休まず行く

発表会終了後、次のレッスンまでに自分で感想ノートをつけ、先生と反省会をします。あまり期間が空くと忘れてしまいますから、反省会は一週間以内がよいです。ここでしっかり自己分析をするかしないかで、今後の上達に大きな差が出ます。

ルール4 本番曲は2回寝かせたものを使う

「上達するための練習」と「本番のための練習」は内容がまったく異なります。伴奏合わせを含む年間計画を、先生と一緒に計画します。発表会の曲

は少なくとも1回は寝かせる（1カ月以上弾かない）期間をおいたものを使用します。

ルール5 ウォーミング・アップを決めよう

「ウォーミング・アップ」は、「よい練習」をするための調子を整える目的で行います。体調の善し悪しに関わらず内容は変えず、間違えても戻らず淡々とこなします。毎回同じ内容を行うことが自信に繋がります。発表会当日もこれを行うわけですから、上質で個人的なウォーミング・アップ内容を、先生と決めましょう。

ルール6 賢い練習ノートをつける①

レッスンで何度も同じことを注意されてしまうのは非常にもったいないことです。ほとんどの場合、できないのではなくて、忘れているだけです。

練習ノートをつけている場合でも、ただレッスン内容を記しているだけではありませんか？　それではまた忘れてしまい、たとえ覚えていても応用が利きません。そうではなく、確実に上達する「賢いノート」をつけます。まず「上手くいかないこと」をメモし、それに対する「対策」を自分で思いつく限り書くのです。意外に、自分には知恵の蓄積があったのだと気がつきます。

実際に自分で考えた「対策」が上手くいけば、それはあなた自身の成功です。自分で考えて成功を味わったものしか実力になりません。本番では、この「成功」経験の積み重ねが自信になり、自信はアガり防止に繋がります。発表会は「実力」が露呈してしまう場所なのです。

そしてレッスンは、新しいことを知る場所にしましょう。そうすると、レッスンへの集中力も増し、「新しいことをどんどん吸収しているぞ」という喜びが、最高のアガり防止になります。

ルール7 賢い練習ノートをつける②

極端に自分に厳しい生徒もいます。レッスンが始まるときにできていなかったことがレッスン終了時にはできるようになったのに、「でもまだこれができない」と言って別の課題を取り出すのです。それはこの次の課題であり、今日はこれで成果がありましたよね？ということです。このネガティヴ志向も、本番にアガりを呼んでしまいます。

練習では、一つひとつ課題をクリアしていきましょう。その日の「練習課題」をノートに書いて始める。練習が終了したら、確認する。単純なようですが、続けていくと心が強くなり、自分に自信がつくのがわかります。

ルール8 当日暇なし

発表会の当日にすることを細かく決めます。朝起きる時間・朝行う練習内容。会場への交通手段＆渋滞に備えて別ルートの交通手段、会場に持ち込む食べ物。会場に着いたら、いつ・どこで・何分間・何の練習をするか、決めておくのです。

「暇」は過度な練習を引き起こしたり、嫌な考えを引き起こしたり、冷静さを失わせてしまったりします。すべきことを決めずにいると「アガり」を引き起こす原因になります。

ルール9　80パーセントを目指す

本番は、普段の練習の80パーセントできれば上等です。カッコいいところを見せようと欲張らない。普通に弾けばよいのです。

本番で演奏するときに、身体が硬くなる、柔らかな指使いや弓使いができなくなるという悩みを多く聞きます。

本番になると、なぜこのような身体の変化が起こるのでしょう。心理学の実験で、人前で喋ったり演奏するときに喋り方や身体の動きが速くなるのが一般的だという結果があります。本番では身体を動かすテンポが速くなるということが、身体を硬くし、指使いや弓使いがスムーズにできない原因のひとつでしょう。ですから本番のときには、自分でゆっくりと感じるくらいのテンポで弾くことを心掛けるようにすると、ちょうどよいテンポで弾くことができます。

本番で身体が硬くなるということの原因はほかにもいろいろありますが、対応としては「7つのムーヴメント」を本番の30分くらい前に行うことです。この体操は、身体を動かす運動神経をよくする非常に優れた準備運動でもあり、ここ何年かの日本音楽コンクールで本選に残り賞を獲った教え子たちが本番前に試して実証済みです。彼らが言うのは「本番で身体が非常にスムーズに動いた。動きを自分でコントロールできた」ということです。

ルール10　本番対策本部をたてる

本番1〜2週間前からは調整期間です。ここから上手になろうとラスト・スパートをかける大人は、体力が続かず本番で崩壊します。そうではなく「トラブルから立て直す」練習をしておきます。ピアノの先生にわざと間違えて弾いてもらったり、アラームを鳴らして自分をビックリさせたり。それでも動揺せず、止まらずに冷静に弾き切るでしょうか。

また、自分の前の演奏者を聴いて緊張してしまう人は、実際にCDなどで自分の前の人の曲を流して聴いたあと、自分の曲を弾いてみます。そして本番当日の舞台リハーサルの内容も決めておくと、リハーサルでアガるという事態も未然に防げます。

本番での身体の変化に対応する

同じくらい心拍数は上がるのです。本番前の準備運動もルーティン・ワークですから、自分なりの準備運動を練習して、本番のために用意しておきましょう。

また、本番になると「リラックスしなさい」「気楽にね」と周りからも言われ、自分自身にも言い聞かせているものです。これは大きな間違いで、緊張しないで集中することはできません。本番前に緊張してきたら、「よしよし、これで集中できるぞ」と安心するようになりましょう。

それから準備運動としで大事なことは、筋肉の温度を上げておくということ。言い換えると、身体を動かして温

かくしておくということです。冷えている筋肉は、自分の命令どおりに滑らかには動いてくれません。身体を温めておくことは、非常に大切なことです。

また、心肺機能を一度高めておくことも大切です。それには、7つのムーヴメントで一度息が上がるくらい激しく動いておくとよいでしょう。本番前に一度心拍数を高めておかなければ、演奏中に身体を動かして心拍数が高まっていくことについていけなくなり、また身体も硬くなってしまいます。ヴァイオリンの演奏とはいえ、身体の動きが激しくなればスポーツをしているときと同じくらい心拍数は上がるのです。本

番前の準備運動もルーティン・ワークですから、自分なりの準備運動を練習して、本番のために用意しておきましょう。

また、本番になると「リラックスしなさい」「気楽にね」と周りからも言われ、自分自身にも言い聞かせているものです。これは大きな間違いで、緊張しないで集中することはできません。本番前に緊張してきたら、「よしよし、これで集中できるぞ」と安心するようになりましょう。

それから準備運動として大事なことは、筋肉の温度を上げておくということ。言い換えると、身体を動かして温

欲を言えば、練習時も本番と同じくらいの緊張感が欲しいものです。「練習は本番のように、本番は練習のように」というのは、練習のときから緊張感を持って弾いていれば、本番は練習のように弾くだけということです。練習というのは、本番で起こり得ることを身につけるため、本番で必要なことに対応するために行うので、ただ漠然と練習しても、時間とエネルギーの無駄になってしまいます。3時間ヴァイオリンを弾いた練習より、7分間の曲を演奏する本番の方がなぜ疲れるのかを考える本番には、多くのヒントが隠

とばに、これから演奏する曲のイメージするのもよい方法です。出だしの何小節かを繰り返しイメージするのもよい方法です。

とえば、これから演奏する曲の出だしの何小節かを繰り返しイメージするのもよい方法です。

ティン・ワークを決めていないと、余計なことを考えてしまいがちですので、た

という、演奏以外のことを考えない」「暗譜が飛んだらどうしよう」「演奏が止まったらどうしよう」「ミスしたらどうしよう」緊張してきたエネルギーをよい演奏への集中に変えるためには、「ミスしたらどうしよう」「演奏が止まったらどうしよう」「暗譜が飛んだらどうしよう」という、演奏以外のことを考えない

ここが分かれ道になります。

つは、緊張しているエネルギーを集中力に変えてよい演奏に結びつけること。そしてもうひとつは、緊張しているエネルギーを不安や恐怖、緊張しているエネルギーを介してアガリに変えて演奏を台無しにすること。ここが分かれ道になります。

（矢野龍彦）

終わりなきナンバ

遠藤記代子

オーケストラの中で、弦楽器はつねに弾いていますが、これとは対照的に休みも多くいきなりソロがやってくるのは管打楽器です。もちろん「ナンバ」は桐朋学園で管打楽器奏者にも応用されていますが、楽器が違えば体操のニーズや応用の仕方も当然異なるはずです。管楽器にナンバはどんな風に役立っているのか、私は大変興味がありました。

また私自身もコンサートマスターを務める際、オーケストラの中で弾いていてもソロが多く出てくるので、「舞台上で楽器を弾かずに待っているときに、〝体を冷やさないコツ〟が何かないだろうか」と悩んでいました。

そこで、桐朋でナンバを学んだオーボエの名手に相談をしてみました。かつてドイツのオーケストラで首席を務めた経験豊富な彼は、

「僕はオーケストラのオーボエ奏者なので、日々の練習の最初は〝美しいA音〟を出すことから始めます」と言いました。彼の言い方があまりにも格好よく、また私はその言葉だけで多くを悟りました。つまり彼の教えてくれたことは「日々のウォーミング・アップ」を見直すべきだ、ということ。

そのことを念頭に置きながら研究していくうちに、舞台上で休みが多くても、いつでも身体を最高のコンディションに保つ「極意」を探し当てました。それは「つねに身体の流れを止めない」ことだったのです！

この「極意」を実践することで、身体はつねにポカポカして指先まで血流がよくなり、瞬時にどんな動きにも対応でき、音への対応も非常に早くなりました。手前味噌ですが、次の公演準備ではこれで成功しました。またひとつ、怖かったものを克服できた気分でした。そして、元プロ野球選手の古田捕手も、「100キロを超える速球を受け止めるには、身体が止まっていたら無理だ」とインタヴューで話していたのを思い出しました。

私が見つけた奥義は、「7つのムーヴメント」を極速微細に舞台の椅子の上で行うことです。この7つすべてを行うと、人間の基本的な動きを網羅することにもなります。恐るべき偉大なメソッドです。

この体操を多くの方が修得されることを願ってやみません。

そして私自身、まだまだ発見が続くと思います。「ナンバの守破離」には終わりがありません。

〔著者紹介〕

矢野龍彦（やの・たつひこ）
1952年高知県生まれ。筑波大学大学院体育研究科修士課程（コーチ学専攻）修了。桐朋学園大学教授。ナンバ術協会理事長。公認陸上競技上級コーチ。メンタル・トレーニング、身心コントロール、シェイプアップ、コーチング、健康教育などの授業を担当。『ナンバの身体論』（光文社）、『ナンバ式！元気生活』（ミシマ社）、『すごい！ナンバ歩き』（河出書房新社）他、著書・テレビ出演多数。

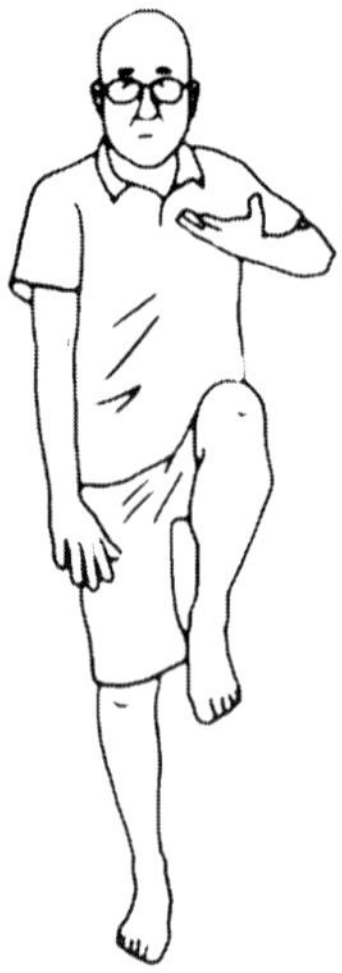

遠藤記代子（えんどう・きよこ）
桐朋学園大学音楽学部卒業。幼少より演劇の影響を受け「身体を上手く使う」ことに興味を持つ。在学中より、師である故江藤俊哉氏と室内楽演奏会を定期開催し、また芝居とのコラボレーション作品も数多く手掛ける。2013年、在京演奏家有志による『バウムクーヘン室内管弦楽団』を結成。2016年Ameropa国際音楽祭ゲスト演奏家。宮地楽器講師、ナンバ術協会「ヴァイオリン骨体操」師範。弦楽器専門誌『サラサーテ』連載中。

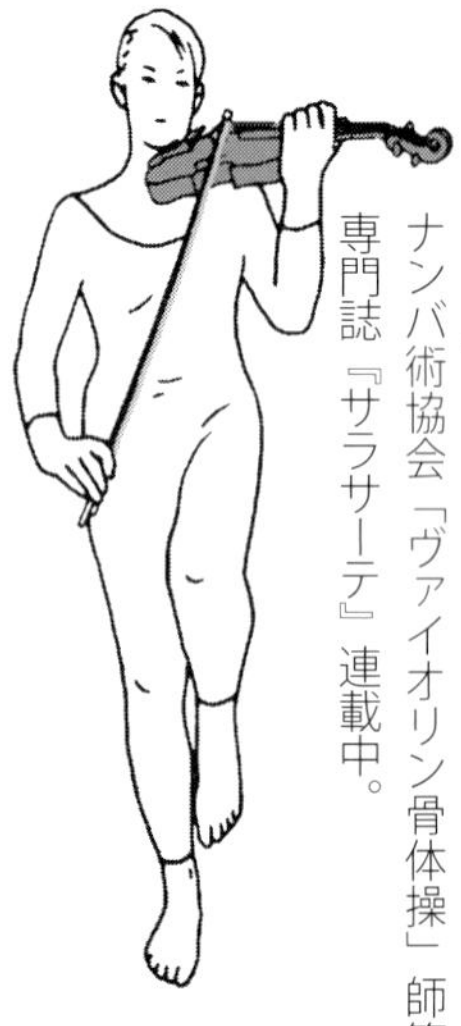

みるみる音《おと》が変《か》わる！
ヴァイオリン骨体操《ほねたいそう》

2017年2月10日　第1刷発行
2025年4月30日　第6刷発行

著者　矢野龍彦《やのたつひこ》・遠藤記代子《えんどうきよこ》
発行者　時枝　正
発行所　株式会社　音楽之友社
〒162-8716　東京都新宿区神楽坂6-30
電話　03-3235-2111（代）
振替　00170-4-196250
https://www.ongakunotomo.co.jp/

デザイン　橋本金夢オフィス
イラスト　橋本金夢
印刷　㈱平河工業社
製本　㈱誠幸堂

乱丁・落丁本はお取り替えいたします。

本書の全部または一部のコピー、スキャン、デジタル化等の無断複製は著作権法上での例外を除き禁じられています。また、購入者以外の代行業者等、第三者による本書のスキャンやデジタル化は、たとえ個人や家庭内での利用であっても著作権法上認められておりません。

Printed in Japan
ISBN978-4-276-14414-9　C1073
©2017 by YANO Tatsuhiko / ENDO Kiyoko